동화구연으로
잠자는 뇌를
깨워라

브레인 점프업
동화구연으로 잠자는 뇌를 깨워라

초판발행   2023년 5월 31일

저 자   신재한 이연순 임운나 김신애
펴낸곳   지오북스
등 록   2016년 3월 7일 제395-2016-000014호
전 화   02)381-0706 / 팩스   02)371-0706
이메일   emotion-books@naver.com
홈페이지   www.geobooks.co.kr

ISBN 979-11-91346-59-6
값 14,000원

이 책은 저작권법으로 보호받는 저작물입니다.
이 책의 내용을 전부 또는 일부를 무단으로 전재하거나 복제할 수 없습니다.
파본이나 잘못된 책은 바꿔드립니다.

"브레인 점프업, 동화구연으로 잠자는 뇌를 깨워라."

머리말

오래전부터 이야기와 동화는 우리의 삶속에 함께 있었습니다. 그러나 동화구연이라는 학문적인 연구와 교육적인 목적으로 사용되는 것은 그리 오래 되지 않았습니다. 특히 우리나라에서는 일제강점기 때 소파방정환 선생과 심의린 선생을 중심으로 발전했던 동화구연이 현재까지그 맥을 이어오고 있습니다.

그러나 최근 IT 기술의 발달로 인터넷과 스마트폰의 보급으로 인해 동화구연이 온라인 상에서도 활발히 이루어지면서 어린이들에게 긍정적인 요소도 있지만 부정적인 요소도 함께 포함하고 있습니다. 이렇듯 동화구연이 시대에 따라 변화하면서 최근 뇌과학 분야의 발전과 함께 동화구연이 우리의 뇌에 미치는 효과에 대한 연구도 활발히 이루어지고 있습니다.

동화구연은 어린이들에게 동화나 이야기를 들려주면서 상상력과 창의력을 증진시켜줍니다. 이와 관련하여 뇌과학에서는 인간 뇌의 구조와 기능, 그리고 뇌 활동과 관련된 다양한 연구를 수행하고 있습니다. "브레인 점프업, 동화구연으로 잠자는 뇌를 깨워라." 는 이러한 두 분야의 융합으로 동화구연과 뇌와의 관계를 밝히고 동화구연으로 우리의 뇌를 활성화 할 수 있는 방법을 제시하고 있습니다.

동화구연과 뇌과학은 서로 상호작용적인 관계입니다. 예를 들어, 어린이들이 동화나 이야기를 듣고 이를 상상하는 과정에서 뇌 내부의 시각과 청각, 언어, 기억 등 다양한 영역이 활성화됩니다. 이러한 뇌 활동은 상상력과 창의력을 증진시키는 데 중요한 역할을 합니다.

또한, 동화구연에서 사용되는 언어와 이야기 구조는 어린이들의 언어 능력을 향상시키는 데도 도움이 됩니다. 이러한 언어적 자극은 어린이의 뇌 발달에도 긍정적인 영향을 미치며, 뇌 내부의 감정과 기억과 관련된 영역을 자극하여 감정 표현 능력을 증진시키는 데도 도움이 됩니다.

따라서, 동화구연과 뇌과학은 서로 긴밀한 관계를 맺고 있으며, 동화구연을 통해 어린이의 뇌 활동과 발달을 촉진시키는 데 큰 도움을 줄 수 있습니다.

"브레인 점프업, 동화구연으로 잠자는 뇌를 깨워라." 이 책은 뇌의 기능과 작용 원리, 그리고 동화구연과 그림책, 명상과의 관계를 다룹니다. 이 책은 뇌과학과 동화구연, 그림책과 명상에 대한 새로운 시각과 정보를 제공하고, 이를 바탕으로 구체적인 활용 방법을 제시합니다.

I부에서는 뇌의 구조와 기능, 신경전달물질, 뇌파, 연령별 두뇌 발달에 대해 살펴봅니다. 이를 통해 뇌가 어떻게 작용하는지를 이해하고, 뇌의 발달과 관련된 다양한 이론과 연구 결과를 살펴봅니다.

Ⅱ부에서는 동화구연의 개념과 특징, 그리고 역사, 최근 동향을 다룹니다. 이를 통해 동화구연이 어떤 방식으로 이루어지는지를 이해하고, 동화구연의 역사와 최근 동향을 살펴봄으로써 동화구연의 역할과 중요성을 인지할 수 있습니다.

Ⅲ부에서는 동화구연에 적합한 동화 선정과 동화구연 기법, 그리고 뇌과학과 동화구연의 관계를 살펴봅니다. 이를 통해 동화구연을 효과적으로 활용하는 방법과, 뇌과학적 지식을 바탕으로 동화구연의 효과를 극대화하는 방법을 제시합니다.

Ⅳ부에서는 그림책의 개념과 특징, 뇌과학과 그림책, 그리고 명상의 개념을 살펴봅니다. 이를 통해 그림책이 어떻게 뇌에 영향을 미치는지를 이해하고, 명상과 그림책이 어떤 연관성을 가지는지를 살펴봅니다.

Ⅴ부에서는 그림책 놀이법에 대해 다룹니다. 그림책을 이용한 놀이법은 아이들의 창의성과 상상력을 키워주는 놀이법과 노인등에게 적용할 수 있는 그림책 놀이법을 제시하고 있습니다.

"브레인 점프업, 동화구연으로 잠자는 뇌를 깨워라." 책의 출간으로 어린이를 키우는 부모 뿐 아니라 노인에 이르기까지 동화구연의 뇌과학적 관심이 높아지기를 기대합니다.
또한, 최근에 동화구연을 통해 감정 교육이나 정서적 문제 해결에도 활용되고 있어 뇌과학적 활용 분야는 계속해서 발전해 나갈 것으로 기대합니다.

대표저자 신재한

차례

I 부. 뇌과학

1장 뇌 구조와 기능
1. 두뇌의 구조   11
2. 두뇌의 구성 요소   20

2장 신경전달물질
1. 도파민   25
2. 아세틸콜린   26
3. 가바   28
4. 세로토닌   30

3장 뇌파
1. 뇌파의 이해   35
2. 뇌파의 종류 및 특성   37
3. 뇌파 및 두뇌활용능력 검사   44
4. 뉴로피드백훈련   52

4장 연령별 두뇌 발달
1. 연령별 두뇌발달 특성   55
2. 결정적 시기   63
3. 성별 두뇌발달 차이   66

II부. 뇌과학과 동화구연

1장 동화구연의 개념 및 특징
    1. 동화구연의 개념   71
    2. 동화 구연의 특징   75

2장 동화구연의 역사 및 최근 동향
    1. 동화구연의 역사   77
    2. 현재 동화구연의 동향   83

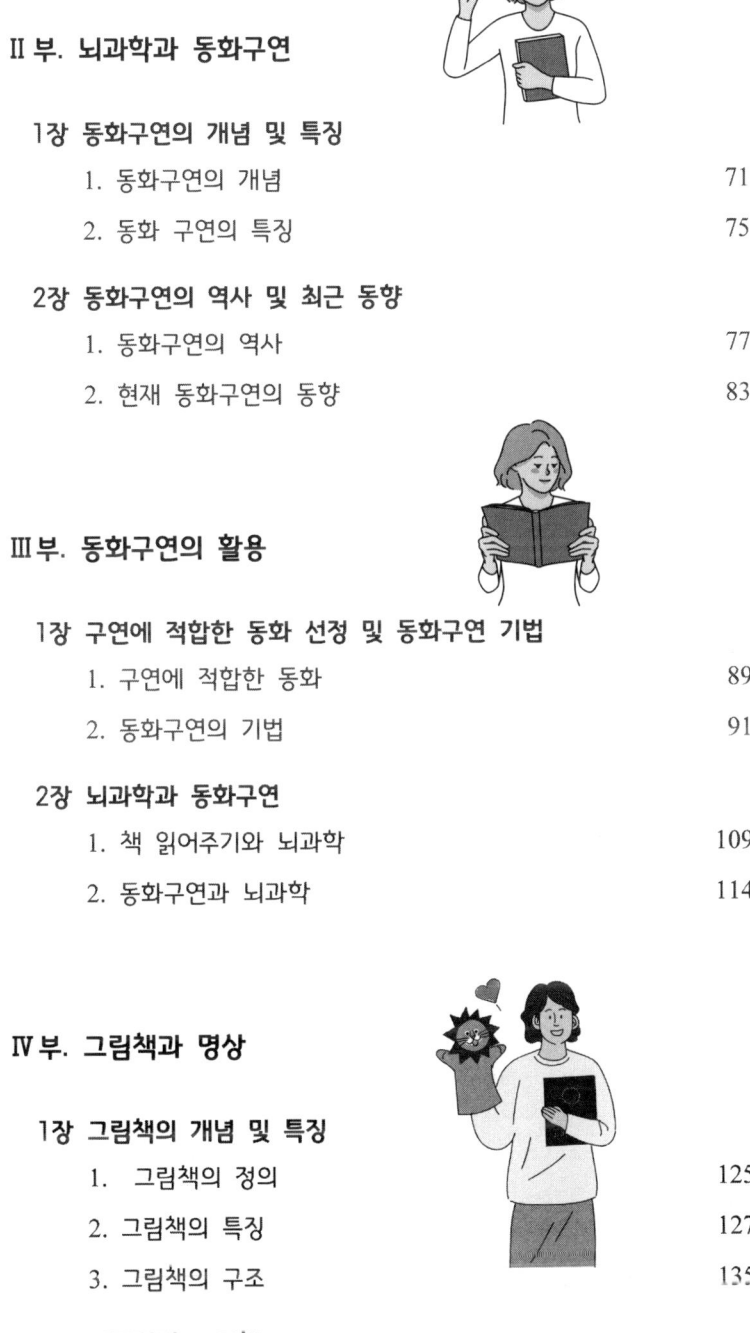

III부. 동화구연의 활용

1장 구연에 적합한 동화 선정 및 동화구연 기법
    1. 구연에 적합한 동화   89
    2. 동화구연의 기법   91

2장 뇌과학과 동화구연
    1. 책 읽어주기와 뇌과학   109
    2. 동화구연과 뇌과학   114

IV부. 그림책과 명상

1장 그림책의 개념 및 특징
    1. 그림책의 정의   125
    2. 그림책의 특징   127
    3. 그림책의 구조   135

2장 뇌과학과 그림책
    1. 그림책과 두뇌 발달   139

2. 책읽는 방법에 따른 두뇌 계발   143
   3. 그림책 읽는 방법에 따른 두뇌 계발   145

3장 명상의 개념
   1. 명상의 역사   149
   2. 명상의 필요성   151
   3. 명상의 개념   154
   4. 명상의 오개념   156
   5. 명상의 효과   157

4장 명상 실습 준비
   1. 명상 동기 부여 방법   161
   2. 명상 실습을 위한 마음 자세   162
   3. 명상 실습을 위한 몸 자세   164
   4. 명상 실습 준비 사항   166
   5. 명상 기초 기능   168

V부 그림책 놀이법

1장 영유아 그림책 놀이
   1. 영아의 발달 특성에 따른 그림책 놀이법   179
   2. 유아의 발달 특성에 따른 그림책 놀이법   197

2장 그림책 놀이의 실제
   1. 아동 그림책 놀이   215

3장 노인 그림책 놀이
   1. 노인의 특성에 따른 그림책 놀이법   231

참고문헌   246

I부. 뇌과학

1장 뇌 구조와 기능

1. 두뇌의 구조

일반적으로 인간의 두뇌가 실제로 정보를 처리할 때에는 외부의 물체와 상황을 수용하기 위하여 감각, 지각 과정을 활용하고, 기억과 여러 가지 문제해결 전략에 의존하며, 이를 근거로 하여 사고와 판단을 행동으로 옮기게 된다. 이러한 인간의 두뇌의 구성요소는 물(78%), 지방(10%), 단백질(8%) 등으로 구성되어 있다. 그중에서는 성인 두뇌의 무게는 약 1,350g 정도로서 두뇌의 크기는 두 주먹을 맞대었을 때와 거의 비슷하다. 또한, 두뇌는 인간의 전체 체중의 약 2% 정도 차지하지만, 신체가 소모하는 에너지의 약 20% 정도로 소모한다. 이는 두뇌가 신체 기관 중에서 두뇌가 고도의 복잡한 작용을 수행하여 가장 많은 에너지를 소비하기 때문이다.

가. 두뇌의 외부

두뇌의 외부는 4개의 엽, 운동피질, 체감각피질, 소뇌 등으로 구성되어 있다. 그중에서 대뇌 피질은 오렌지껍질 두께로 두뇌를 주름으로 감싸고 있어 넓은 피질이 두개골 안에 들어갈 수 있다. 이러한 피질의 넓이는 한 페이지 분량의 신문지 크기에 해당한다.

먼저, 대뇌피질의 앞 부분에 있는 전두엽(frontal lobe)은 이마 바로 뒤에 놓여있는 부분을 전두엽피질(prefrontal cortex)이라고도 한다. 이러한 전두엽은 계획과 사고를 처리하는 기능을 수행하는 부위로서, 고차원적인 사고를 조정하고 문제해결을 지휘하며 정서 체제를 조절하는 뇌의 이성 및 집행 통제 기관이다. 또한 작업기억의 대부분이 전두엽에 위치하기 때문에, 전두엽은 주의집중이 발생하는 영역이다. 최근에는 전두엽이 성격, 인성,

도덕성과 관련된다는 연구결과도 있다.

다음으로 두뇌 뒷부분의 중심부 아래에 위치한 후두엽(occipital lobe)은 시각 자극을 처리하기 위한 두뇌센터이다. 이러한 후두엽은 여러 개의 작은 부위들로 나누어지며, 외부 세계에서 두뇌에 들어오는 시각 자료를 처리하는데 중요한 역할을 한다. 즉, 입력되는 정보가 이들 부위에 모이면 2차적인 시각영역 또는 시각 연합영역으로 가서, 그 정보를 전에 본적이 있는 정보와 비교한 후 우리가 보고 있는 사물을 정확하게 인지하고 판단할 수 있다. 이러한 사실은 두 사람이 동일한 것을 보고도 각기 다른 것에 주의집중하거나 동일한 것을 보면 쉽게 알 수 있다.

또한, 귀 바로 윗부분의 양쪽에는 후두엽에서 전두엽 아래로 구부러져 있는 두 개의 엽 즉, 측두엽(temporal lobe)은 청각처리와 언어처리를 수행한다. 이러한 측두엽의 일차적인 청각영역이 자극을 받았을 때, 소리를 감각하게 된다. 더욱이, 청각 연합영역은 일차적인 청각영역 및 다른 두뇌부위들과 연결되어 있어서, 청각정보에 대한 지각을 도와주어 우리가 무엇을 듣고 있는지를 알게 해준다.

끝으로 두정엽(parietal lobe)은 두뇌의 맨 위에서 뒷부분에 걸쳐 있고 고차적인 감각처리와 언어처리를 담당한다. 특히, 우리가 언제, 어떻게 움직여야 할지에 대해 신체에 있는 근육에 정보를 보내야 할 때처럼, 우리는 우리 환경의 촉각과 온도에 대한 정보, 피부에서 오는 통각과 압각 및 사지의 위치에 대한 정보도 받을 수 있어야 한다. 이런 일들은 체감각피질 즉 감각자극의 즉 감각자극의 수용을 담당하는 부위에 의해 이루어진다. 따라서, 두정엽 부위가 손상되면, 촉각과 통각을 인식할 수도 없고 공간상에서 자신의 위치도 알 수 없다. 두정엽의 뒷 부분은 공간인식에 대한 감각을 제공해주기 위해 이런 모든 정보들을 끊임없이 분석하고 해석한다. 또한, 두정엽의 이 부위가 손상되면 물체를 잘 조작하지 못한다. 이 외에도 두정엽은 주의를 집중하거나 공간적인 주의를 유지하는 것이다. 개인이 특정 자극에 주의 집중할 때나 주의를 바꾸어야 할 때 두정엽이 활성화된다.

지금까지 살펴본 바와 같이, 대뇌는 4개의 엽으로 구성되어 <표 Ⅰ-1>과 같이 다른 기능을 담당한다.

<표 Ⅰ-1> 대뇌의 구조(4개 엽)

구분	위치	기억	기능	특징
전두엽	뇌 앞	작업 기억	기억, 계획, 문제해결	· 실행적 이성(통제)센터 · 양쪽 대뇌반구의 약 50% · 계획 및 사고, 고차적 사고, 문제해결, 주의집중, 창의성 · 변연계와 관련 · 동작피질 : 동작 조절 · 전전두엽 : 인성, 호기심, 의사결정, 반성, 정서 조절
측두엽	귀 위	장기 기억	언어, 청각, 기억	· 언어센터(좌반구) · 음악, 얼굴 및 사물 인지 · 듣기, 기억, 의미, 언어 담당
후두엽	뇌 뒤		시각정보 수용/처리	· 시각처리
두정엽	머리끝		공간, 공감각, 단기기억	· 공간 지각, 계산, 인지 담당, 고차적인 감각처리, 언어처리

한편, 두뇌의 외부는 4개엽 외에도 운동피질과 체감각피질로 구성되어 있다(<표 Ⅰ-2>).

<표 Ⅰ-2> 운동피질과 체감각피질의 특징 비교

구분	위치	특징
운동피질	두정엽과 전두엽 사이 앞쪽	· 신체운동 조절 · 운동기능 학습 · 소뇌와 협력
체감각피질	운동피질 뒤 두정엽 앞	· 신체 부위에서 온 촉각 신호 처리

이 외에도 모든 동작을 조절하여 두뇌 무게의 약 10% 정도 차지는 소뇌는 주름이 깊은 유기적 구조로서, 나머지 두뇌 부위에 있는 모든 뉴런보다 더 많은 뉴런이 존재한다(<표 Ⅰ-3>).

<표 Ⅰ-3> 소뇌의 특징

구분	위치	특징
소뇌	대뇌(뇌간) 뒤	· 균형, 자세유지, 운동 협응 담당 · 사고, 정서, 감각, 기억 조절 · 자동화된 운동기억 저장 · 대뇌 한쪽 반구와 유사

두뇌 외부 구조를 그림으로 나타내면 [그림 Ⅰ-1]과 같이 도식화할 수 있다(김유미, 2008). 특히, 외부에서 온 감각 신호는 감각 신경을 지나

뇌의 뒤쪽에 있는 수용기로 들어가고 두뇌의 중앙(변연계, 두정엽, 측두엽)으로 가서 통합한 후 두뇌의 앞부분인 전두엽에서 해석하는 과정을 [그림 Ⅰ-2]와 같이 거친다(Sousa, 2003).

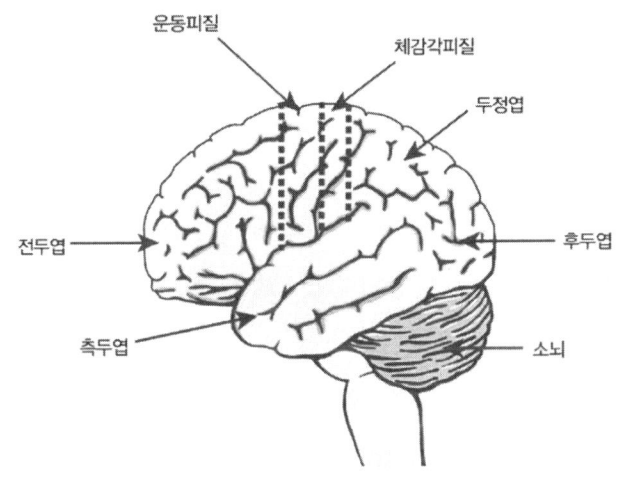

[그림 Ⅰ-1] 두뇌 내부 구조

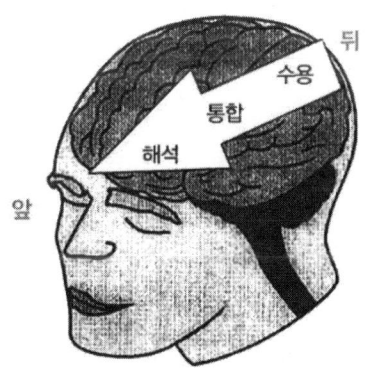

[그림 Ⅰ-2] 외부 감각 신호 처리 과정

나. 두뇌의 내부

두뇌의 내부는 뇌간, 변연계(시상, 시상하부, 해마, 편도 등), 대뇌, 뇌세포 등으로 구성되어 있다(<표 Ⅰ-4>).

<표 Ⅰ-4> 두뇌 내부의 특징

구분	특징
뇌간	· 파충류 뇌 · 가장 오래되고 깊은 곳 · 몸에서 뇌로 가는 12개 신경 중 11개 이동 · 맥박, 호흡, 체온, 소화 등 생명유지, 신체기능 통제 · 생존의 위해 무의식적으로 조절 · 망상체 : 각성 수준 조절 · 망상활성화 체계(RAS) : 감각수용기에 들어온 자극 여과기 역할, 흥분 수준 조절 · 중뇌(위), 뇌교(가운데), 연수(아래)로 구성
변연계 (중뇌)	· 포유동물 뇌 · 뇌간과 대뇌 사이 · 전체 두뇌 크기의 20% 차지 · 정서유발, 정서기억 기능 수행 · 정서와 이성 교류 가능 · 학습과 기억에 관여 · 시상 : 후각 제외한 모든 감각정보, 인지활동 관여, 외부 유입 정보 모니터 · 시상하부 : 내부체계 모니터, 신체 정상 유지, 호르몬 분비, 수면·섭식·수분섭취 등 신체기능 조절 · 해마 : 학습내용 공고화, 작업기억 정보를 검토하여 기존의 기억과 비교(의미형성), 작업기억을 장기기억으로 전환 · 편도 : 공포와 관련된 정서 관여, 환경과 개인의 상호작용 조절, 정서기억(해마와 상호작용)

대뇌	· 인간 뇌 · 두뇌 무게의 약 80% 정도 차지 · 연한 회색, 깊은 주름 · 좌반구(우반신)와 우반구(좌반신), 뇌량(두반구 교류·활동 조정) · 사고, 기억, 언어, 근육운동 담당
뇌세포	· 신경세포(뉴런), 지지세포(교세포)로 구성(1조 개) · 신경세포(뉴런) : 약 1,000억 개 · 지지세포(교세포) : 여과기 역할, 뉴런 결합 및 보호, 혈뇌장벽 형성, 영양분 운반, 면역체계 조정 등 · 뉴런 전달 과정 : 수상돌기(세포체, 전기신호) → 축색돌기(수초) → 시냅스(소낭, 화학신호) → 신경전달물질(아세틸콜린, 에피네프린, 세로토닌, 도파민 등)→ 수상돌기(수용기)

한편, 뇌는 기능에 따라 크게 상위 뇌, 중위 뇌, 하위 뇌로 구분할 수 있다(Mark et al, 2007). 상위 뇌는 전두엽(frontal lobe), 두정엽(parietal lobe), 측두엽(temporal lobe) 및 후두엽(occipital lobe)으로 구분되고 중위 뇌는 기저핵(Basal Ganglia), 변연계(Limbic System), 시상(Thalamus), 시상하부(Hypothalamus)로 구성되어 있다. 먼저, 기저핵은 자연스런 미소와 같은 불수의적 운동의 일부분과 수의운동의 선택, 조절, 시각 및 기억에 관여하는데 그 위치는 뇌의 중간 부분 즉, 대뇌 피질과 간뇌의 사이에 있다. 기저핵은 대뇌피질, 특히 전전두 피질과 두정엽 피질의 조정을 받는다.

또한, 변연계는 먹기, 마시기, 성 활동, 그리고 공격성 등과 같이 동기화된 행동과 정서행동에 특히 중요하다. 이러한 변연계는 중위 뇌와 상위 뇌의 다양한 구조물을 연결해주는 중간 매개체로서 작용한다. 전전두엽을 비롯한 대뇌 피질은 성장하면서 단계적으로 발달하는데 비해 정서중추인 변연계(lymbicsystem)는 일찍 발달한다.

다음으로 시상은 두개의 아보카도가 나란히 붙어 있는 것과 비슷하게 생긴 구조로 하나는 왼쪽 대뇌반구에, 다른 하나는 오른쪽 대뇌반구에 있다. 대부분의 감각 정보는 먼저 시상으로 들어가 처리된 다음에 대뇌 피질로 입력된다. 또한, 시상하부는 시상의 복측인 뇌의 기저부에 있다. 시상하부 여러 신경핵의 활동은 매일 매일 일어나는 활동과 수면의 주기, 그리고 동기화된 행동 및 정서 행동의 다양한 측면을 통제한다. 시상하부 신경핵이 손상되면 먹기, 마시기, 체온 조절, 성행위, 싸움, 또는 활동 수준 등과 같은 여러 동기화된 행동에 이상이 나타난다. 이러한 시상하부는 50여종의 신경전달물질을 이용하여 내분비 기능과 자율신경 기능의 조절과 어울려 감정, 포만감과 공복감, 체온, 체내 수분량, 생식과 관련된 행위 등을 조절한다(윤일심, 2012).

지금까지 살펴본 두뇌의 내부 구조를 도식화하면 [그림 Ⅰ-3]과 같다 (김유미, 2008).

한편, 우리가 누군가의 무엇에 공감할 때 그리고 누군가의 무엇을 따라할 때 우리의 뇌에서는 거울 뉴런(mirror neurons)이라는 신경세포가 있어 타인의 상황이나 정서에 대한 인식에 토대하여 타인의 상황이나 정서에 대한 인식에 토대하여 타인의 정서나 상황을 함께 느끼고 경험하여 공감대를 형성한다. 이러한 거울 뉴런을 통해 타인의 행동을 관찰하는 것만으로도 그의 행동을 온몸으로 이해할 수 있는 인지적 공감능력과 감정에 이입하고 반응하는 정서적 공감능력이 일어나며 그 행위를 나의 운동계획과 비교해 실행으로 바꾸는 과정을 용이하게 함으로써 타인의 행동에 모방을 가능하게 한다. 따라서, 거울뉴런의 관점에서 바라볼 때

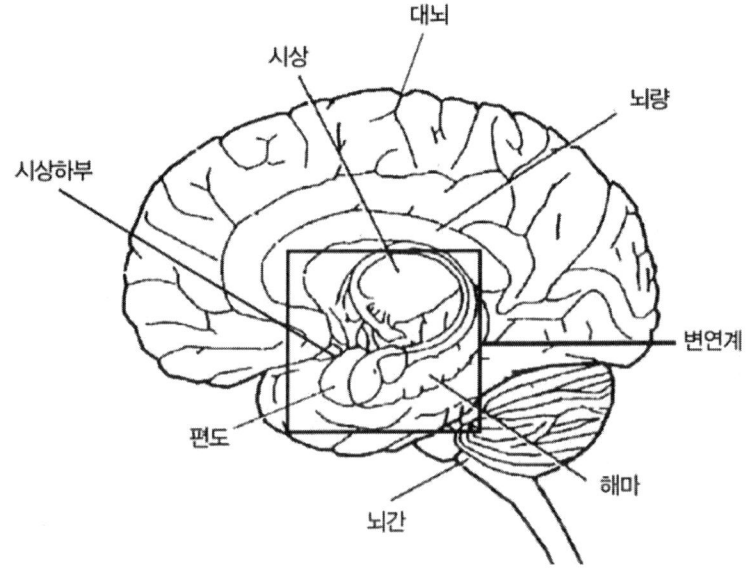

[그림 Ⅰ-3] 두뇌 내부 구조

인성적으로 매우 탁월한 전인격적 인간을 모델로 선정한 후 학습자들이 그 모델의 행동을 관찰 및 모방, 연습하면서 타인과 공감하고 소통하는 학습활동이 필요하다.

결론적으로 말하자면, 거울뉴런은 다른 사람들의 의도를 해석하고 행동을 예측하도록 돕는 역할을 한다. 즉, 다른 사람들의 경험을 우리 안에 재생성하도록 하고, 다른 사람들의 정서를 이해하고 공감하게 한다(Singer et al, 2004). 예를 들면, 아동이 어른의 행동을 모방하고 흉내내는 경우, 타인의 얼굴에서 기쁨, 슬픔, 분노 등을 느낄 때 자신의 그와 유사한 정서를 느끼는 경우 등이 대표적인 예이다.

2. 두뇌의 구성 요소

가. 뉴런

두뇌의 구성 요소 중에서 뉴런은 두뇌 활동을 수행하는데 매우 중요한 역할을 담당한다. 즉, 뉴런은 정보처리와 전기 및 화학 신호를 변환하여 주고 받는 역할을 담당한다. 이러한 뉴런은 세포체(cell body), 수상돌기 (dendrite), 축색돌기(axon) 등으로 구분한다(<표 Ⅰ-5> 참조).

<표 Ⅰ-5> 뉴런의 구성요소

구분	특징
세포체	· 세포의 생존을 위한 여러 가지 활동 수행 · 세포체 속에 있는 세포핵은 유전정보 보유
수상돌기	· 다른 뉴런으로부터 전기신호를 받아들이는 짧은 머리카락 모양의 입력 섬유
축색돌기	· 정보를 종합하고 평가하여 전기신호 형태로 전달하고 화학물질을 운반 기능 · 수초 : 축색돌기 주변에 형성된 지방질 성분, 신속한 전기신호 전달 및 다른 반응 방해 방지 기능 · 시냅스 : 신경전달물질에 의해 화학적 신호 전달

나. 전기 신호

두뇌의 모든 정보 전달은 뉴런에 의해 일어나는데 이런 정보 전달과정에서 발생하는 전기신호 즉, 뇌파를 측정할 수 있다. 이러한 뇌파는 1929년 Berger가 최초로 측정하였다(<표 Ⅰ-6> 참조).

<표 I-6> 두뇌의 전기신호(뇌파)의 유형

구분	특징
베타파	· 토론, 운동, 복잡한 프로젝트 등 많은 활동 수행
알파파	· 읽기, 쓰기, 시청, 문제해결 등 경계가 이완된 상태
쎄타파	· 졸음, 명상, 처리시간 등 감수성이 민감한 상태
델타파	· 깊은 수면 등 무의식적인 상태

다. 화학 신호

수상돌기에서 만들어진 전기 신호는 축색돌기로 전달되고 축색돌기와 수상돌기 사이의 시냅스가 전기 신호를 화학 신호를 전환하여 신경전달물질을 생성하게 된다. 이러한 신경전달물질의 유형은 <표 I-7>과 같이 정리할 수 있다.

<표 I-7> 신경전달물질의 유형

구분	특징
아미노산	· 뉴런들의 일대일 교류에 관여 · 글라이신, GABA, 아스파리진산염, 글루타민산염 · 글라이신, GABA : 억제 메시지 전달 · 아스파리진산염, 글루타민산염 : 흥분 메시지 전달 ※ 글루타민산염 : 기억과 학습에 관여(해마)
아민	· 모노아민 · 다른 아미노산보다 더 느리게 작용 · 화학적으로 변형된 아미노산(신경변형물질) · 에피네프린(아드레날린) : 스트레스 반응 관여 · 노르페이네프린 : 각성 등 전반적 활동 수준 관여

	· 도파민 : 동작활동 조절, 즐거운 감정 촉진 관여 · 세로토닌 : 기억·수면·식욕조절·체온조절 관여(기분 촉진제) · 아세틸콜린 : REM 수면 촉진, 기억회로 관련
펩타이드	· 변형물질로서 작용하여 다른 신경전달물질에 영향 · 엔돌핀 : 특정 행동에 대한 좋은 느낌을 갖도록 자극 · 코티졸 : 스트레스에 관여

 지금까지 살펴본 뉴런의 전기 신호와 화학 신호 전달 과정을 도식화하면 [그림Ⅰ-4]과 같다(김유미, 2008).

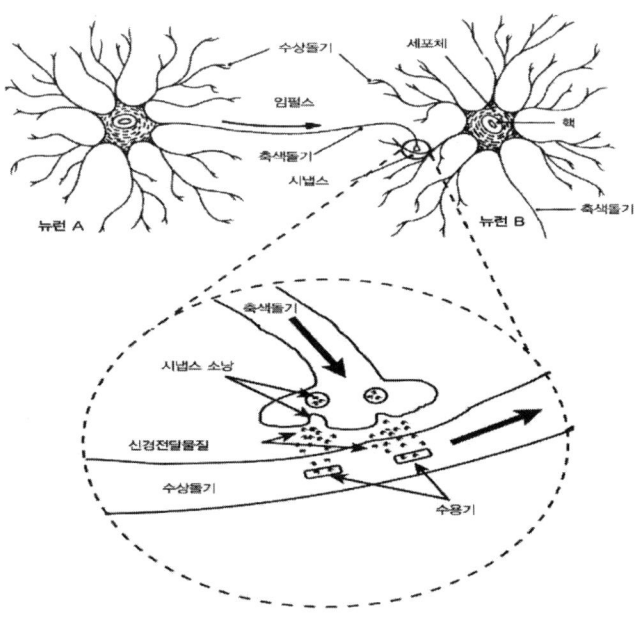

[그림Ⅰ-4] 뉴런의 전기 신호와 화학 신호 전달 과정

라. 혈액

두뇌는 체중의 약 2% 정도 차지하면서도 신체가 소모하는 에너지의 약 20%를 소모한다. 이러한 에너지는 혈액을 통해서 포도당, 단백질, 산소 등을 공급한다(<표 Ⅰ-8> 참조). 따라서, 두뇌는 시간당 약 30리터 정도 혈액을 소모하여 하루에 약 750리터 혈액을 공급한다.

<표 Ⅰ-8> 두뇌에 필요한 에너지

구분	특징
물	· 이온전위의 균형 유지 · 하루 8-12컵의 물 섭취 · 탈수, 졸음, 학습저하 현상
영양분	· 균형 잡힌 식생활이 학습능력 향상
산소	· 두뇌는 신체가 소모하는 산소의 1/5 정도 소모 · 두뇌 산소 공급 촉진을 통해 최적 수행

2장 신경전달물질

1. 도파민

일반적으로 도파민은 운동, 주의, 학습에 영향을 미치며 균형이 깨지면 사람들과 어울릴 에너지가 부족하여 사랑, 기쁨, 슬픔, 분노의 감정을 잃어버린 듯이 보인다. 주의력결핍장애 증상을 보일 수 있고, 사회성이 부족하기도 하며, 파킨슨병과 정신분열증의 원인이 되기도 하다(백기자, 2011). 도파민 체질은 세계 인구의 약 17% 정도 차지하고 있다. 이러한 도파민이 균형을 이룰 때, 도파민 체질은 다음과 같은 공통점을 가지고 있다(윤승일·이문영, 2009).

첫째, 자신이 원하는 것과 그것을 얻는 방법을 정확히 아는, 의지가 강한 사람일 가능성이 높다.

둘째, 걸음이 빠르고, 자신만만할 뿐만 아니라, 매우 이성적이고, 느낌과 감정보다는 사실과 숫자에 더 능하다.

셋째, 스스로를 비판적으로 평가할 줄 알면서도, 타인의 비판이나 부정적인 평가는 잘 받아들이지 못한다.

넷째, 일에 강한 집중력을 보이고, 일에 대한 자부심이 강하다. 이들의 전략적 사고, 주도적 역할, 혁신성, 문제해결능력, 비전, 실용주의는 사람들에게 활기를 불어넣으며, 스트레스도 잘 극복한다.

다섯째, 복잡한 지식이나 치밀한 계획을 세워야 하는 직업 즉, 의사·과학자·연구원·발명가·엔지니어·군사령관·건축가 등이 적합하다.

여섯째, 지적 활동에 가장 흥미를 느낄 수 있기 때문에, 체스를 두거나 오디오북을 듣거나 글자맞추기놀이를 좋아할지 모른다.

일곱째, 무산소 운동이나 근력 운동을 좋아하고 테니스·수영·스키처럼 경쟁적인 개인 종목을 좋아한다.

그러나, 도파민이 과다할 때나 결핍될 때에는 <표 Ⅰ-9>와 같은 증세가 나타날 수 있다.

<표 I-9> 도파민의 과다 및 결핍 증상

구분	특징
과다 증상	- 지나치게 긴장하고, 몰아붙이며, 충동적 - 흥분과 힘을 주체하지 못해 폭력 행사 - 범죄자, 연쇄성범죄자
결핍 증상	- 에너지가 떨어져 힘이 없는 경우 - 생각이 전보다 또렷하지 못할 경우

따라서, 도파민이 부족할 경우에는 티로신이라는 아미노산이 도파민의 합성에 쓰인다. 이러한 티로신이 많이 함유된 음식은 닭고기, 오리고기, 생선, 두부, 치즈, 죽순, 참깨 등이다. 또한, 정제당과 정제밀로 만든 제과류와 카페인 음료는 먹지 않는 것이 좋다.

2. 아세틸콜린

일반적으로 아세틸콜린은 해마에서 집중적으로 발견되기 때문에 기억에 관여한다. 학습장애의 원인이 되기도 하며, 작은 스트레스에도 영향을 받으며, 객관적인 판단능력이 부족하게 된다(백기자, 2011). 아세틸콜린 체질은 세계 인구의 약 17% 정도 차지하고 있다. 이러한 아세틸콜린이 균형을 이룰 때, 아세틸콜린 체질은 다음과 같은 공통점을 가지고 있다(윤승일·이문영, 2009).

첫째, 일을 감각적으로 처리하는 데 능하고, 세상을 감각적으로 바라보기 때문에, 매우 창조적이다.

둘째, 생각이 빠르고, 끊임없이 타인을 고려하는 사람으로서, 무언가를 할 때 어떤 수고가 따르더라도 최선을 위해 몸을 바친다.

셋째, 유연성·창조성·추진력을 가지고 있어 새롭고 흥분된 일이라면 무엇이든 해보려고 한다.

넷째, 직관적이고 혁신적이기 때문에, 말·생각·대화와 관련된 모든 것에 즐거움을 느끼고, 자신의 열정을 타인과 공유할 줄 아는 능력이 있다. 상담가, 명상가, 두뇌 집단의 구성원, 요가나 명상 강사, 종교 지도자, 공익 단체의 구성원 등이 대표적인 직업이 될 수 있다.

다섯째, 두뇌의 속도가 창조성에 영향을 미치기 때문에 예술가·작가·광고인·배우 같은 직업을 가질 수 있다.

여섯째, 사교적이고 카리스마가 있기 때문에 만나고 인사하며 새 친구를 사귀는 것을 좋아한다.

<표 I-10> 아세틸콜린의 과다 및 결핍 증상

구분	특징
과다 증상	- 남들에게 도가 넘치게 베풀기만 하기 때문에 자학적인 단계에 빠질 수 있음 - 세상이 자신을 이용하고 있다는 피해망상에 빠질 수 있음 - 사람을 고립으로 몰고 갈 수 있음
결핍 증상	- 뇌 속도가 느려지고, 뇌는 다음번 자극이 몰려오기 전에 새로운 자극을 이미 저장된 정보와 연결할 시간이 없어짐 - 어떤 정보는 처리되기도 전에 사라져서 기억이 나지 않음. - 빨리 감각 자극에 반응하지 못하게 되면, 뇌가 새 자극을 이미 저장된 기억이나 생각과 연결하지 못해 망각이 일어남 - 기억력 저하 및 상실

일곱째, 직장에서나 동네에서나 가정에서나 주변 관계에 많은 에너지를 쏟고 그것으로 보람을 느낀다.

여덟째, 이타주의와 선한 마음씨 덕분에 인기가 많다.

그러나, 아세틸콜린이 과다할 때나 결핍될 때에는 <표 Ⅰ-10>와 같은 증세가 나타날 수 있다.

따라서, 아세틸콜린이 부족할 경우에는 카르니틴이라는 아미노산이 아세틸콜린의 합성에 쓰인다. 이러한 콜린이 많은 식품으로는 소고기 살코기, 소간, 계란 노른자, 연어, 아몬드, 양배추, 마늘, 김 등이다. 콜린이 많은 식품은 주로 지방이 많은 식품이며, 무리한 다이어트나 살이 마른 아이들은 콜린이 부족할 수 있다.

3. 가바

일반적으로 가바는 안정과 관련되며 균형을 이룰 때는 타인의 요구를 잘 알아차린다. 이러한 가바가 부족할 경우 분위기, 관계, 정체성, 욕구 등을 잘 통제하지 못하고, 충동적이거나 폭력적인 성향이 있을 수 있다(백기자, 2011). 가바 체질은 세계 인구의 약 50% 정도 차지하고 있다. 이러한 가바가 균형을 이룰 때, 가바 체질은 다음과 같은 공통점을 가지고 있다(윤승일·이문영, 2009).

첫째, 일관성, 사회성, 타인을 위한 배려심이 많다.

둘째, 목표를 세우는 능력, 프로젝트나 활동 스케줄을 만들어서 실행하는 능력 등이 매우 우수하다.

셋째, 시간 엄수, 실용성, 객관성, 냉철함, 자신감 등이 있다.

넷째, 관리자 · 회계사 · 경호원 · 간호사 · 기술자 · 항공관제사 · 뉴스리포터 · 응급구조대원 · 행사기획자 · 버스기사 · 주부 등 근본적으로 관리와 보살핌을 필요로 하는 직업을 가진다.

다섯째, 분별력이 있고 안정되어 있으며, 감정의 기복이 심하지 않고 화를 내지 않는다.

여섯째, 여럿이 함께하는 활동도 좋아하지만 그보다는 일대일의 관계를 더 즐긴다.

일곱째, 전통과 체제에 순응하고 그 안에서 자신의 임무에 충실하다.

여덟째, 역사책이나 전기를 좋아한다.

아홉째, 주변에서 일어나는 소동에 동요하지 않는다.

그러나, 가바가 과다할 때나 결핍될 때에는 <표 I-11>과 같은 증세가 나타날 수 있다.

<표 I-11> 가바의 과다 및 결핍 증상

구분	특징
과다 증상	- 보호 본능이 점점 강해짐 - 자신의 욕구가 충족되지 않아 상처를 받으면서도 보살핌과 사랑을 베풀기 위해 노력함 - 배우자나 권위자의 조언에 지나치게 의지하는 나머지 그들의 판단에 좌지우지됨
결핍 증상	- 불안, 초조, 신경질적인 반응 등이 나타남 - 인체 혼란 및 정서 불안정이 나타남 - 두통, 트림, 짜증, 어지러움, 불면증 - 숨이 차고, 손발이 차며, 수면장애

따라서, 가바가 부족할 경우에는 글루타민이라는 아미노산이 가바의 합성에 쓰인다. 이러한 글루타민이 많은 음식으로 동물의 내장(간), 통밀, 야채, 오렌지, 토마토, 버섯류 등이다.

4. 세로토닌

일반적으로 세로토닌은 각성, 수면과 꿈, 기분 등에 관여하며, 부족하면 감수성이 부족해지며, 변덕이 심하거나, 우울, 부정적인 경향을 띠게 된다(백기자, 2011). 세로토닌 체질은 세계 인구의 약 17% 정도 차지하고 있다. 이러한 세로토닌이 균형을 이룰 때, 세로토닌 체질은 다음과 같은 공통점을 가지고 있다(윤승일·이문영, 2009).

첫째, 현실주의자이며, 감각적인 것에 민감하게 반응한다.

둘째, 천성이 즐겁게 노는 것을 좋아하며 직장에서나 여가활동 중에도 목적을 위해서보다는 즐거움을 위해 활동에 참여한다.

셋째, 일을 신속히 처리함으로써 성취감을 느낀다.

넷째, 변화를 추구하여 일을 바꾸거나, 같은 일을 새로운 방식으로 시도한다.

다섯째, 몸과 마음이 모두 자극을 잘 받아들이고, 육체적으로 조화를 이루며, 기지가 매우 뛰어나다.

여섯째, 운동신경, 눈과 손의 협조, 유연성, 위기관리 능력이 요구되는 직업에 가장 적합하다.

일곱째, 온갖 종류의 기구나 도구에 능하기 때문에, 건설근로자, 오일정비공, 트럭과 구급차 기사, 군인, 헤어스타일리스트, 바텐더, 조종사, 컴퓨터 프로그래머 등과 같이 최첨단 도구를 다루는 직업을 가진다.

여덟째, 파티나 축하연, 컴퓨터나 비디오 게임, 카지노 같은 곳을 자연히 좋아한다.

아홉째, 무언가 흥분을 느끼는 요소가 있는 것이라면 무엇이든 해보려고 노력한다.

열째, 낙천적이고 명랑하며 편안하고 함께 대화를 하면 재미가 있다.

그러나, 세로토닌이 과다할 때나 결핍될 때에는 <표 I-12>와 같은 증세가 나타날 수 있다.

<표 I-12> 세로토닌의 과다 및 결핍 증상

구분	특징
과다 증상	- 극도로 불안해짐 - 머뭇거리고, 산만하며, 비판에 발근하고, 사람들이 자신을 싫어할까 봐 병적으로 불안 - 심하게 수줍음을 타거나 자신을 형편없고 열등한 존재로 생각하는 사람도 있을 수 있음 - 너무 두려운 나머지 사람들과의 교류를 시도조차 하지 못함
결핍 증상	- 우뇌와 좌뇌의 균형도 깨져 몸의 균형을 잃은 듯한 느낌이 듦 - 심한 피로를 느끼거나, 자신을 통제하지 못하거나, 잠을 편히 자지 못하는 증상이 나타남 - 수면 장애 증상 - 매우 소극적, 열등감, 우울, 불면증

따라서, 세로토닌이 부족할 경우에는 토립토판이라는 세라토닌의 합성에 쓰인다. 이러한 트립토판이 많은 음식으로는 바나나, 맥아, 치즈, 메밀, 우유, 요구르트 등이 있다.

지금까지 살펴본 바와 같이, 신경전달물질은 신경세포 사이의 연결 부위인 시냅스에서 화학적 신경정보 전달의 매개체 역할을 하는 분자들을 말한다. 신경전달물질의 성분은 일반적인 내분비 호르몬과 동일하나, 이들이 시냅스에서의 정보 전달 과정의 매개체로 사용되는 경우 신경전달물질이란 이름을 얻게 된다. 현재 약 50내지 100가지 종류의 신경전달물질이 존재하는 것으로 추정되고 있으나, 감성을 전달하는네 보나 많이 활용되는 신경전달물질에는 에피네프린(epinephrine), 코티졸(cortisol), 노르에피네프린

(norepinephrine), 세로토닌(serotonin), 엔돌핀(endorphin), 도파민(dopamine) 등이 있다. 신경전달물질의 종류와 작용에 대해 살펴보면 <표 Ⅰ-13>와 같이 정리할 수 있다.

<표 Ⅰ-13> 신경전달물질의 종류와 작용

신경전달물질	주요 작용
에피네프린 (아드레날린)	- 정신과 의식을 명료하게 유지시키는 각성 작용 - 심장과 혈관 및 근육의 작용을 촉진시킴. - 공포나 긴장을 느낄 때 방출 - 독성물질, 활성산소를 발생시킴 - 공격성을 자극
코티졸	- 면역세포의 DNA를 파괴하는 효소의 생성을 촉진시켜 면역세포를 없앰. - 해마의 세포를 파괴하여 기억 장애를 유발함. - 뇌와 신체를 생존 지향적으로 만듦 - 해마에 영향을 가함 - 학습과 기억을 감소시킴 - 스트레스를 받으면 농도증가
노르에피네프린 (노르아드레날린)	- 흥분이나 각성수준을 결정하며 수면과 각성상태, 기분을 조절함. - 혈관 및 근육을 적절하게 긴장시킴. - 투쟁-회피 반응의 각성 기제 - 동공확대, 맥박을 빠르게, 소화억제 - 연결통로 : 시상하부, 소뇌 및 전두엽 - 화, 분노의 감정에 동반됨
세로토닌 (serotonin)	- 정서, 수면, 기억, 식욕의 조절에 기여함. - 도파민의 활동을 억제함. - 정서를 안정시키는 신경전달물질

	- 기억, 수면, 식욕조절 및 체온조절 - 연결통로 : 대뇌피질, 시상하부, 해마 - 스트레스 상황에서 감소됨. - 부족 ; 우울증, 충동적, 공격적 행동
엔돌핀 (endorphin)	· 통증을 억제하고 즐거운 마음을 유발함. · 면역력과 인내력을 향상시키고 기억력을 강화시킴.
도파민 (dopamine)	- 복잡한 정서와 의식적인 동작을 조절함. - 전두엽에서 고도의 정신 기능을 수행하고 창의성을 유발함. - 의식적인 동작활동을 조절 - 뇌의 보상체계 자극, 즐거운 감정 촉진 - 사랑과 존중을 받을 때 분비 - 학습동기에 영향을 줌 - 연결통로 ; 시상하부, 전두엽 - 부족: 정서에 둔감, 마비, 파킨슨병

일반적으로 학생들의 뇌는 에피네프린, 노르에피네프린, 코티졸 등의 신경전달 물질이 일정 범위의 농도를 유지하며 생성되고 소모될 때 가장 안정적인 감성상태가 유지된다. 노르에피네프린의 농도가 지나치게 낮으면 우울증이 유발될 수 있고, 반대로 지나치게 높으면 육체 전반에 강한 스트레스성 반응이 촉발되는 요인이 될 수 있다. 보통 노르에피네프린과 코티졸은 육체적으로 위험한 상황에서 다량으로 분비되어 심장박동을 늘리고 근육을 수축시키는 방어 작용에 사용된다. 적절하게 낮은 수준의 코티졸, 그와 병행하여 적절하게 분비되는 세로토닌과 엔돌핀은 학생들의 행복감을 높이며 자신의 학습에 대해 긍정적인 감정을 지니게 한다.

특히 엔돌핀은 행복감을 증가시키면서 고통을 느끼는 정도도 감소시킨다. 반면에 코티졸의 농도가 만성적으로 높을 경우 변연계의 일부이자 장기기억으로의 전환 중추인 해마(海馬;hippocampus)의 신경망이 손상될 가능성이 있다(Sylwester, 1995).

　더욱이, 신경전달물질은 학습 과정에서 학습자가 가지게 되는 자아인식에 영향을 준다. 긍정적인 사고와 성공적 경험을 많이 하는 학습자의 뇌에서는 세로토닌(serotonin), 엔돌핀(endorphin), 도파민(dopamine) 등이 피질의 전두엽 등을 중심으로 하여 대량으로 생성되고 활용된다. 그렇게 됨으로써 긍정적인 자아인식을 가지게 될 뿐만 아니라 뇌에서의 인지적 활동의 효율성도 높아지게 된다. 반면에 실패를 반복적으로 경험하면 스트레스 대항성 호르몬인 에피네프린(epinephrine), 코티졸(cortisol), 노르에피네프린(norepinephrine) 등이 지나치게 많이 분비될 수 있다. 이것들이 필요 이상으로 분비되고 축적되는 경우, 학생들은 진취적이고 창의적인 사고를 하며 학습에 적극적으로 참여하기보다는 부정적인 감정만을 떠올리며 학습에 소극적으로 참여하게 된다.

3장 뇌파

1. 뇌파의 이해

가. 뇌파의 개념

뇌파는 뇌 활동의 지표 혹은 뇌세포의 커뮤니케이션 상태를 나타낸다(박만상, 윤종수, 1999). 뇌파(Brain waves)는 뇌에서 발생하는 0.1~80Hz에 걸친 넓은 저주파 영역을 포함한 작은 파동 현상으로 두피로부터 대뇌피질의 신경세포군에서 발생한 미세한 전기적 파동을 체외로 도출하고 이를 증폭해서 전위를 종축으로 하고 시간을 횡축으로 해서 기록한 것이다(김대식, 최창욱, 2001).

뇌파는 뇌세포 간에 정보를 교환할 때 발생하는 전기적 신호로 뇌전도(EEG: electro encephalogram)라고도 하는데, 뇌의 활동 상태와 활성 상태를 보여주는 중요한 정보를 가지고 있으며, 의식 상태와 정신활동에 따라 변하는 특정한 패턴이 있다. 이러한 뇌파는 '뇌전위'라고도 불리며 뇌신경 세포의 활동에 수반되어 생성되는 미세한 전기적 변화를 머리 표면에서 전극을 부착하여 유도하고 이를 증폭시켜 전위차를 기록한 것이다. 따라서 뇌 기능의 활동성이 약해지는지, 반대로 높아지는가를 측정할 수 있으며, 시시각각으로 변화하는 뇌 활동의 변동을 공간적, 시간적으로 파악할 수 있는 객관적 지표로써 신경생리학 분야에서 많이 사용되고 있다(이창섭·노재영, 1997). 이러한 뇌파를 구성하는 요소로는 주파수(frequency), 진폭(amplitude), 위상관계(phase relation), 분포(distribution), 출현 양식(pattern) 및 파형(wave form) 등이 있다. 일반적으로 1개 파의 지속시간은 파의 골(trough)과 골 혹은 산(peak)과 산 사이의 간격(시간)을 msec(1mec=1/1000sec)로 나타내며, 이 지속시간을 주기(period)라 한다(<그림 Ⅰ-5> 참조). 주파수는 1초 동안에 출현한 파의 횟수를 말하며, 단위로는 매초 몇 싸이클(cycle)로 나타내거나(C/S) 또는 CPS(cycle per second), Hz(Hertz)로 표시한다.

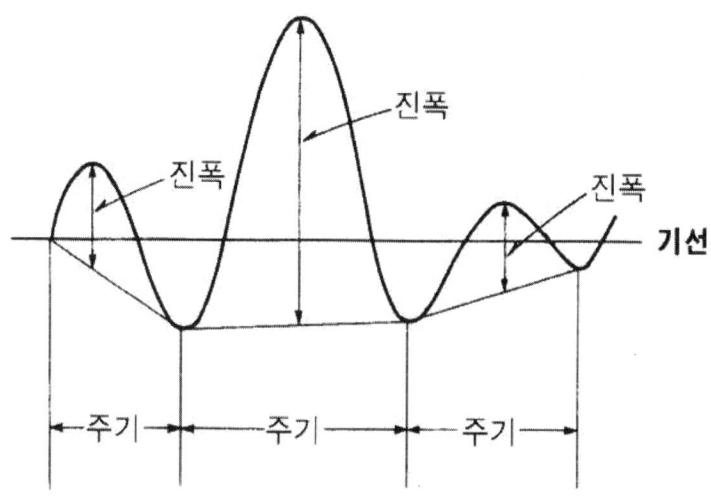

〈그림 Ⅰ-5〉 뇌파의 진폭과 주기.

한편, 두뇌의 모든 정보 전달은 뉴런에 의해 일어난다. 뉴런과 뉴런 사이의 정보를 서로 주고받는 접합부위를 시냅스라 하며 시냅스 전까지는 전기적 신호로, 시냅스 간 정보전달은 신경전달물질이라는 화학물질을 통해 시냅스 후부터 다시 전기적 신호로 전달된다(좌성민, 2011). 인간의 사고와 행동은 대뇌의 기능에 의해 조절되고 대뇌의 기능은 많은 뇌 신경세포들의 활동에 달려 있으며 이러한 뇌 신경세포들의 활동은 뇌파(EEG)의 형태로 나타난다. 뇌파는 대뇌피질의 신경세포군에서 발생한 뇌전기 활동의 총화를 체외로 도출하고 이를 증폭해서 전위를 종축으로 시간을 횡축으로 해서 두피 상에서 기록한 것이다. 일반적으로 뇌파라 하면 두피 전극에서 포착된 두피뇌파(scalp EEG)를 말하며 뇌파측정은 객관적, 비침습적, 연속적으로 간단하게 대뇌기능을 평가할 수 있는 뇌생리학적 연구방법이다. 뇌파를 검사한다는 것은 뇌의 활동수준을 객관적인 지표로 나타내어 뇌의 활동성이 높아지는지 약해지는지를 공간적·시간적으로 파악하는 것을 의미한다. 그래서 사람과 사람사이의 생각이나 감정을 전달할 수 있는 '정신에너지'가 존재한다고 확신하고, 이 정신에너지를 움직이는 힘의 본질을 탐구하기 위하여 Hans Berger에 의해 개발되어 뇌파를 이용하고 있다.

2. 뇌파의 종류 및 특성

일반적으로 뇌파는 주파수 대역에 따라 델타파(δ, 0.5~4Hz), 쎄타파(θ, 4~8Hz), 알파파(α, 8~13Hz), 베타파(β, 13~30Hz), 감마파(γ, 30Hz~50Hz)로 분류되며, 베타파를 SMR파(12~15Hz, 낮은 베타파), M-베타파(15~20Hz, 중간 베타파), H-베타파(20~30Hz, 높은 베타파)로 세분화하여 연구하였다. 또한 알파파를 기준으로 해서 8Hz 미만을 서파(slow wave), 13Hz이상을 속파(fast wave)라고 구분한다(윤종수, 1999). 뇌파에 의해 연구되어 온 자발뇌파는 일반적 생리현상에서 감각 등 뇌 활동으로 나타나며, 유발뇌파는 뇌 활동 상태를 알아보기 위해 인위적으로 뇌 활동을 유도하여 관찰할 수 있다.

특히, 인간의 뇌파는 신체적 또는 정신적 자극에 의해서 긴장도가 높아지면 β 파 상태가 되고 이완이 되며 α 파 출현이 많아지면서 얕은 수면 시와 숙면 시에는 θ 파와 δ 파가 출현하는 것으로 알려져 있다(심대식, 최상욱, 2001).

가. 델타파

델타(δ)파는 최고 100~200μV의 큰 진폭과 0.5~3.5Hz 정도의 적은 주파수를 보이는 파형으로 정상인이 깊은 수면을 하고 있을 때 대개 나타난다(류분순, 2008). 특히, 두뇌기능이 완전히 이완된 깊은 수면상태에서 우세하게 나타나는 뇌파로서, 정상 성인의 경우 각성 시에 델타파가 나타나면 뇌종양, 뇌염 등의 병적 요인의 판단 근거가 되기도 한다. 특히 전방 전두부에서는 안구운동 등의 영향을 받기 때문에 델타파의 활성이 높게 나타난다(좌성민, 2011).

나. 세타파

세타(θ)파는 정서안정 또는 수면으로 이어지는 과정에서 주로 나타나는 뇌파로 성인보다는 아동에게 더 많이 분포한다. 주파수는 4~7Hz정도로 α파보다 느린 파형을 나타내며 진폭은 20~100μV까지 다양하지만 대략 30μV이하로 나타난다. 세타(θ)파는 '깨어있음(awareness)의 확장' 경험을 증가시키며 기억력, 초능력, 창의력, 집중력 불안해소 등 다양한 심리상태와 관련되어 있다. 심리적인 변화와 연관이 많은 파형으로 그 비율의 증가는 무의식적인 자료를 다시 기억하거나 재 경험하며, 자신에 대한 자각과 통찰을 발견하는 경험을 할 수 있다(류분순, 2008). 특히, 쎄타(theta)파는 일반적으로 몸과 의식이 몽롱한 상태나 졸림과 깨어있음의 중간 상태 정도를 의미한다. 쎄타파 상태에서는 꿈과 같은 이미지를 동반하고 그 이미지는 생생한 기억으로 경험되기도 한다. 각성 시에 나타나는 쎄타파는 주의 각성을 시켜 문제해결의 아이디어를 제공하기도 하고 창조적인 힘으로 연결되기도 하며, 시간과 공간의 제한을 뛰어넘는 영역으로 들어가 번뜩임이나 영감(inspiration)으로 발생하기도 한다(좌성민,

2011). 또한 쎄타파는 깊이 내면화되고 조용한 상태의 육체, 감정 및 사고 활동과 관련된다(Hutchison, 1996).

다. 알파파

알파(α)파는 8Hz~13Hz 정도의 작은 주파수와 30~50μV의 진폭을 보이는 파형으로 뇌파의 기본이 되고 기본과 기초율동 등으로 표현된다. 긴장이완과 같은 편안한 상태에서 주로 나타나며 안정되고 편안한 상태일수록 진폭이 증가한다. 특히 안정된 알파(α)파가 나타나는 때는 눈을 감고 진정한 상태에 있을 때이며 눈을 뜨고 물체를 주시하거나 정신적으로 흥분하게 되는 때는 알파(α)파가 억제된다(류분순, 2008). 특히, 알파파(alpha)는 신경생리학적으로 두뇌의 안정 상태를 반영하는 기본파이며 잡파의 영향을 적게 받으므로 전통적으로 인간 행동에 대한 두뇌 좌우반구의 기능 상태를 판정하는 데 이용되어 왔다(Butler, 1991). 또한 알파파는 정신 및 육체적 긴장이 이완되어 스트레스가 해소되고 집중력과 기억력 향상과 관련이 있으며(Cowan, & Allen, 2000) 알파파는 의식과 무의식을 연결하는 다리로 알파파가 나타나지 않으면 잠재의식이 사라지기 때문에 사전에 경험한 기억이 아무리 생생하고 의미가 있어도 회상을 하기 힘들다고 하였다(Anna, 1995).

라. 베타파

베타파는 13~30Hz 대역의 뇌파로 각성상태, 활동상태, 스트레스 상태에서 나타나며 청각, 촉각, 정서적 자극에 의해서도 영향을 받는다. 베타파는 정상적으로 전두엽에서 잘 기록되며 주의를 집중하여 정신활동을 할 때 뇌 전체에서 광범위하게 나타난다. 또한, 베타(β)파는 높은 각성,

집중, 노력, 긴장 등의 상태일 때 자주 나타나기 때문에, 초점화된 주의력과 관련되어 있다. 또한 베타(β)파는 불안과 같은 긴장 상태와도 관련이 있으며 청각, 촉각, 그리고 정서적 자극에 의해서도 영향을 받는다. 정신집중을 하는 등의 정신활동을 수반할 때 활성화되는 파형으로 정상인에게 주의를 요하는 과제를 제시하면 알파(α)의 억제 현상으로 설명되는 뇌파의 변화가 생겨 베타(β)파의 활성이 나타난다(류분순,2008).

특히, 베타파는 SMR파, M-Beta파, H-Beta파로 구분하기도 한다. SMR파는 12~15Hz 대역의 뇌파로 감각운동피질(sensory moter cortex)부분에서 주로 나타나며 각성 준비상태 또는 운동계의 대기상태로 주의집중과 관련이 있다(Sterman, 1977). 중간 베타(M-Beta)파는 16~20Hz 대역의 뇌파를 말하며 의식활동이나 정신활동 학습에 몰두 할 때 우세하게 발현하며, 높은 베타(H-Beta)파는 21~30Hz 대역으로 긴장이나 흥분 상태 혹은 스트레스 상태에서 나타난다.

마. 감마파

감마파(gamma)는 30~50Hz 대역으로 외적 의식으로 불안, 흥분의 강한 스트레스 상태에서 전두엽과 두정엽에서 비교적 많이 발생하는 뇌파이다. 또한 감마파는 초월적 마음상태 또는 이완으로 벗어나서 새로운 의식 상태, 신경자원(neural resources)을 활성화시켜 총동원할 때, 즉 정신적으로 총력 집중할 때 발생하는 특징적인 뇌파이기도 하다(좌성민, 2011).

지금까지 살펴본 뇌파 유형 및 특징을 정리하면 <표 Ⅰ-14>와 같이 정리할 수 있다(고병진, 2010).

<표 I-14> 뇌파의 유형 및 특징

구분	특 징
Delta wave	- 출현부위는 일정하지 않고 불규칙한 서파 - 나이와 상관없이 숙면 중에 나타남 - 성인의 각성시 나타나면 뇌종양, 뇌염 등 병적요인 판단 근거.
Theta wave	- 출현부위는 후두부와 측두부에서 기록되며, 10-50μV 정도 진폭으로 규칙적인 서파. - 일반적으로 졸리거나 깊은 명상시 발생. - 무의식 및 창의력의 영역. - 주의각성을 시켜 문제해결의 아이디어를 제공하고 창조적인 힘으로 연결. - 번쩍임이나 영감(inspiration)이 발생.
Alpha wave	- 정상성인의 안정, 각성, 폐안 상태의 뇌파 중, 가장 주체가 되는 율동파(배경파). - 출현부위는 두정엽과 후두엽에서 잘 기록 - 긴장이완이나 편안한 상태일 때, 눈을 감았을 때, 집중할 때나 창의적인 사고를 할 때 발생. - 명상상태에 들어가기 위한 전 전계, 학습을 위한 주의력 형성의 전 단계로 준비상태 의미.
Beta wave	- 일상생활 중 나타나 '활동뇌파'라고도 함. 의사결정, 논리적 추론, 문제해결 등과 관련된 뇌파. - 정상적으로 전두부에서 잘 기록되고, - 긴장 및 집중되는 정신활동 시 뇌 전체에서 광범위하게 나타남.
Gamma wave	- 외적 의식으로 불안, 흥분의 강한 스트레스 상태에서 전두엽과 두정엽에서 비교적 많이 발생. - 초월적 마음상태 또는 이완으로 벗어난 새로운 의식상태, 신경자원(neural resources)을 활성화시켜 총동원할 때 - 정신적으로 총력 집중할 때 발생하는 특징적인 뇌파.

한편, 김대식과 최창욱(2001)은 뇌파의 종류와 특성을 <표 Ⅰ-15>와 같이 구분하였다.

<표 Ⅰ-15> 뇌파의 종류와 특성

뇌파종류	파장대	의식상태
델타(δ)파	0.1-3Hz	깊은 수면 상태나 뇌 이상상태
세타(θ)파	4-7Hz	수면 상태
알파(α)파	8-12Hz	이완 및 휴식 상태
SMR	12-15Hz	주의 상태
낮은 베타(β)파	16-20Hz	집중, 활동상태
높은 베타(β)파	21-30Hz	긴장, 흥분 상태, 스트레스 상태

한국정신과학연구소(2005)에서는 뇌파 대역별 두뇌 상태를 <표 Ⅰ-16>와 같이 세분화하였다.

<표 Ⅰ-16> 뇌파 대역별 두뇌 상태

뇌파종류	파장대	의식상태
델타(δ)파	0.5-3Hz	숙면, 뇌 손상, movement or eye blink artifact, LD(유아 많이 등장)
낮은 세타(θ)파	3-5Hz	졸음 상태

높은 세타(θ)파	6-7Hz	- 내면으로 향함, 기억재상에 중요한 창조적인 것이 특징 - 읽고 경청하는 등의 외적 학습자극에는 초점을 맞추지 못함(어린 아동 많이 등장)
낮은 알파(α)파	75-85Hz	시각화(Visualization)
	8-10Hz	내면으로 향함, 명상의 어떤 형태에서 관찰 가능 해리 현상을 경험할 수 있음(성인이 눈감았을 때 등장)
높은 알파(α)파	11-12Hz	넓고 통찰적인 자각 상태, 고난도 기술을 구사해야 하는 운동선수가 준비상태에 있을 때 관찰 가능(높은 지능을 가진 사람에게 High Peak Alpha Frequency가 등장)
SMR	13-15Hz	- Central Cortex에서만 관찰(C3, Cz, C4) - 한 곳에 집중하면서 감각과 운동의 활동성이 줄어들 때 관찰 - 움직임이 업고 불안과 충동성이 감소되는 현상과 상관 - 의식적인 활동이 감소될 때 연관
베타(β)파	16-20Hz	- 문제해결을 위해 가장 필요한 뇌파 - 학습할 때 필요한 베타파
	18-27Hz	가족의 물질 탐닉 경향과 관계
	19-32Hz	불안을 동반한 정서적 긴장 상태
	24-36Hz	주로 부정적인 생각을 반추할 때
감마(γ)파	38-42Hz	Blinding Rhythm : 대상의 다른 측면을 하나로 묶어서 지각할 때 Peak Performance와 연관(떨어지지 않기 위해 균형 잡을 때 등장)

3. 뇌파 및 두뇌활용능력 검사

가. 뇌파 검사를 활용한 뇌기능 분석

뇌파 검사를 이용한 뇌기능 분석은 각 주파수 대역별로 측정한 뇌파수치들의 비율분석을 통해 구한 지수들을 기반으로 뇌의 기능을 종합평가하는 지수이다. 뇌기능분석은 기존의 IQ검사나 적성검사, 인성검사 등 설문지와 문제풀이방식을 통한 간접분석과 달리 뇌의 발달상태, 활성상태, 균형상태, 주의집중능력, 휴식능력, 학습능력 등을 뇌파를 측정하여 정량적으로 직접 분석하는 것이다. 따라서 그 결과가 객관적이고 과학적이다. 이러한 뇌기능 분석은 자신의 뇌파를 정밀 측정하여 각성활동에 반드시 필요한 휴식, 주의력, 집중력 등 세 가지 상태에 대해 뉴로피드백 테스트를 함으로써 뇌의 자율신경계 자기조절증력을 과학적으로 분석하여 살아있는 뇌의 기능을 정확히 알 수 있다(백기자, 2011). 또한 개인과 폐안 시의 뇌파를 비교·분석하여 시각정보에 대한 뇌의 반응을 정확히 파악함으로써 뇌기능 뿐만 아니라 육체적 건강상태까지도 판단할 수 있다.

종합지능측정방식으로 자율신경계의 자기조절능력, 뇌의 발달정도를 나타내는 기초율동분석, 뇌의 각성정도를 알 수 있는 주의지수, 뇌의 활성상태를 파악하는 활성지수, 정서적인 균형정도를 파악하는 정서지수, 육체적·정신적 스트레스 정도를 파악하는 스트레스 저항지수, 좌뇌와 우뇌의 균형상태를 파악하는 좌·우뇌 균형분석 등을 알 수 있다. 그리고 이러한 결과를 종합하여 뇌기능 상태를 종합적으로 판단해 주는 뇌기능지수는 <표 Ⅰ-17>와 같이 정리할 수 있다(박병운, 2007).

<표 I-17> 뇌파 검사를 활용한 뇌기능 분석지수

분석지수	반구	관련 주파수	특성
자기조절지수 (SRQ;Self Regulation Quotient)		α파, SMR, low β파	뇌의 자율신경계 조절 능력 판단 휴식, 주의력, 집중력 판단
주의지수 (ATQ;Attention Quotient)	(좌) (우)	θ파, SMR	뇌의 각성 정도 판단, 질병이나 육체적 피로에 대한 저항력
활성지수 (ACQ;Activity Quotient)	(좌) (우)	α파, low β파	뇌의 활성 정도 판단
정서지수 (EQ;Emotion Quotient)		좌α파, 우α파	정서적 평균 상태 판단
항스트레스지수 (ASQ;Anti-Stress Quotient)	(좌) (우)	δ파, highβ파	육체적, 정신적 스트레스 저항정도 판단
브레인지수 (BQ;Brain Quotient)		모든 주파수	뇌 기능의 종합적인 판단

먼저, 자기조절지수(Self-Regulation Quotient: SRQ)는 뇌의 건강과 활동력의 가장 기본적인 척도로 활용되는 지수로, 주의력(SMR파), 집중력(저 베타파), 휴식(알파파)의 세 가지 기본 상태에 대한 뇌의 기음조절능력 평가로서 구할 수 있다. 뇌는 각성 시에 휴식 상태, 수의력

1부 뇌과학 45

상태, 집중력 상태의 세 가지 상태를 자율적으로 조절하면서 활동 리듬을 통제한다. 자기조절지수의 점수가 높게 측정되더라도 상태별 점수 차이가 크게 측정되면 뇌의 자기 조절 기능의 균형이 깨진 것으로 뇌 건강에 문제가 있을 수 있다(Kamiya, 1972; Sterman, 1977; Lubar et al, 1976).

다음으로 정서지수(Emotion Quotient: EQ)는 정서적 안정과 불안정 상태를 나타내는 지수이다. 정서지수는 좌우뇌의 알파(α)파 진폭의 차이와 상호 연관성에 의하여 구할 수 있다(Maulsby,1971). 정서지수의 성향은 명랑과 우울로 판단할 수 있는데, 좌뇌의 알파(α)파 값에서 우뇌의 알파(α)파 값을 뺀 값이 '-'이면 이 경우는 우뇌의 알파파의 세기가 높은 것을 의미하는 것으로 이는 밝고 명랑한 성격이라 할 수 있고, 반대로 '+'이면 이 경우는 좌뇌의 알파파의 세기가 높은 경우로 우울한 성격이라 할 수 있다(Davidson, 1994, Baehr et al, 1999).

또한, 활성지수(Activity Quotient: ACQ)는 정신적 활동과 사고 능력 및 행동 성향을 판단하는 지수로 사용된다. 활성지수는 좌우뇌의 알파(α)파의 활성도, 저 베타(β)파 활성도 및 좌우뇌의 전체적인 활성 정도를 나타내는 지수로 알파(α)파와 저 베타(slow β)파에 대한 분석을 통하여 구할 수 있다(Carver and White, 1994). 활성지수 값은 상대 세기, 절대 세기, 로그 비교와 산술 비교를 종합하여 결정된다(Gray, 1990; Gotlib et al, 1998). 활성지수는 좌뇌가 높으면 언어 능력이 발달되며 외부 자극에 긍정적이고 적극적인 반응을 보이며 논리적, 이성적, 수리적이다. 그러나 우뇌가 높으면 예술 능력이 발달되며 외부 자극에 부정적이고 비관적인 반응을 보이는 반면에 감성적, 직관적, 종합적이다. 활성지수는 좌우뇌가 거의 비슷하면서도 균형을 유지하면서 지수가 높게 나타날 때 이상적이다. 어느 한쪽 부분이 너무 높게 나타나거나 반대로 너무 낮으면 정서불안, 행동성향 불안정, 언어장애, 기억력 감퇴 등 뇌기능 불균형의 문제가 발생할 수 있고, 질병으로 발전할 가능성이 크다(Gotlib et al, 1998).

주의지수는 세타(θ)파의 활성도를 SMR파(12~15Hz)의 활성도로 나눈 값으로 계산한다. 뇌의 각성 정도와 질병이나 스트레스에 대한 저항력을 나타내는 주의지수는 연령 기준에 따라 뇌의 각성 정도를 판단하는 지수로 사용할 수 있다. 주의지수는 육체적 긴장 정도를 파악하는데 사용되는 델타(δ)파와 정신적 긴장 정도를 파악하는데 사용되는 고 베타(β)파와 함께 지수의 수준이 결정된다. Lubar 등(1995)은 주의지수가 높으면 뇌가 맑게 각성되어 면역 기능이 높은 상태로 이런 상태에서는 신경이 안정되고, 주의집중력이 올라가고 피로도가 감소되며, 반대로 주의지수가 낮으면 주의력과 저항력이 약해져서 주의산만, 기억력 감퇴, 뇌 노화 등을 의심할 수 있으며, 주의지수가 너무 낮으면 주의력결핍을 의심할 수 있다. 또 지나치게 낮으면 주의력결핍 및 과잉행동장애, 정신지체, 틱 장애 등을 의심 할 수 있다고 설명하고 있다.

이 외에도 항스트레스지수(Anti-Stress Quotient: ASQ)는 스트레스의 저항력을 나타내는 수치로 내외적 환경요인으로 인한 육체적/정신적 피로도를 나타내는 지수이다. 항스트레스지수는 델타(δ)파와 고 베타(β)파의 상호 연관성에 의해 산출할 수 있다(Peniston et al, 1993). 정신적 스트레스는 심리적인 긴장과 불안, 흥분 상태를 나타내는데(김동구 외, 2005), 이 지수가 높으면 높을수록 피로도가 높아져 병에 대한 저항력이 낮아지게 된다. 그러나 항스트레스지수는 반대로 스트레스의 저항력을 나타내는 수치로 이 수치가 높을수록 병에 대한 저항력이 커지게 된다(Peniston, Kulkosky, 1989; Peniston et al, 1993).

끝으로, 브레인지수(Brain Quotient: BQ)는 뇌의 기능을 종합적으로 평가하는 지수로 절대적이지 않기 때문에 노력에 의해서 발달될 수 있다. 브레인지수는 IQ와 비례 관계를 갖기 때문에 정신적 육체적인 건강 상태와 밀접한 관계를 가진다(박병운, 2005). 브레인지수는 IQ나 EQ와 달리 직접 뇌파를 측정하고 뉴로피드백 훈련을 통하여 뇌의 반응과 조절능력을 판단하는 것이기 때문에 보다 정확하고 폭넓은 정보를 제공할 수 있는 지수이다.

나. 뇌파 검사를 활용한 두뇌활용능력 분석

뇌파 검사는 대뇌 기능을 평가하는 가장 우수하고 객관적인 방법으로서 (김대식·최장욱, 2001), 뇌의 상태를 분석하여 증상에 대한 처방까지도 할 수 있다. 대표적인 뇌파 검사인 BQ TEST(뇌기능 분석)는 측정 과정에 대해서만 뇌파를 측정하고 그 결과를 반영하기 때문에, 실제적인 인간의 두뇌활용능력을 측정하기에는 한계가 있다. 이러한 문제점을 극복하기 위해 뇌파를 측정하는 과정에서 뿐만 아니라, 특정 상황이나 문제를 해결하면서 인간의 능력을 객관적이고 합리적으로 측정할 수 있는 Smart Brain를 개발하였다(뇌과학연구원, 2014).

특히, 뇌파를 기반으로 한 두뇌활용능력 검사는 사람의 뇌에서 발생하는 전기 신호인 뇌파를 활용하여 두뇌활용능력을 측정·분석하고 두뇌활용 과정에서 관여하는 고도의 인지기능들을 신경생리학적 뇌파 지표들을 통해 객관적이고 정확하게 측정할 수 있다. 뇌파의 세부항목은 눈감은 상태에서 뇌파를 측정하는 안정상태 검사, 눈을 뜬 상태에서 뇌파를 측정하는 각성상태 검사, 과제를 해결할 때 뇌파를 측정하는 공간지각 및 기억력 검사 등으로 4개 종류를 순서대로 실시한다(<표 Ⅰ-18> 참조). 특히, <표 Ⅰ-18>에서도 알 수 있듯이, 뇌파는 안정상태 및 각성상태를 포함하는 자발뇌파 검사와 공간지각 및 기억력 검사를 포함한 유발뇌파 검사를 통해서 측정할 수 있고, 두뇌활용능력은 공간지각 및 기억력을 포함한 Brain Test를 통해서 측정할 수 있다.

<표 I-18> 뇌파 검사의 유형 및 특징

구분	검사명	검사내용	검사방법	검사결과
자발 뇌파검사	안정상태 검사	어떤 외부 자극도 주어지지 않는 눈감은 안정상태에서 뇌파가 정상적인 리듬형태로 출현하는지를 측정	눈을 감고 30초 동안 뇌파 측정	뇌파리듬 분포 좌우뇌 활성도
	각성상태 검사	어떤 외부 자극도 주어지지 않는 눈뜬 각성상태에서 뇌파가 정상적인 리듬형태로 출현하는지를 측정	눈을 뜨고 30초 동안 정면을 바라보면서 뇌파 측정	
유발 뇌파검사 (Brain Test)	공간지각 능력검사	공간지각 과제 수행시 관련된 두뇌기능을 측정	공간지각검사 24문제를 수행하면서 뇌파 측정	뇌파리듬분포 좌우뇌 활성도 육각분포도 집중력 변화 Brain Test 분포
	기억력 검사	기억력 과제 수행시 관련된 두뇌 기능을 측정	기억력검사 24문제를 수행하면서 뇌파 측정	

한편, 두뇌활용능력 검사는 사람의 뇌에서 발생하는 전기 신호인 뇌파를 활용하여 두뇌활용능력을 측정·분석하고 두뇌활용 과정에서 관여하는 고도의 인지기능들을 신경생리학적 뇌파 지표들을 통해 객관적이고 정확하게 측정할 수 있다. 두뇌활용능력 검사의 세부 항목은 눈감은 상태에서

뇌파를 측정하는 안정상태 검사, 눈을 뜬 상태에서 뇌파를 측정하는 각성상태 검사, 과제를 해결할 때 뇌파를 측정하는 공간지각 및 기억력 검사 등으로 4개 종류를 순서대로 실시한다. 이러한 두뇌활용능력 검사를 통해서 인지 패턴, 문제해결 성향, 두뇌 스트레스, 집중력 패턴, 두뇌상태 점검, 공간지각력, 기억력 등 다양한 두뇌활용 패턴을 진단할 수 있다(<표 Ⅰ-19> 참조).

<표 Ⅰ-19> 두뇌활용능력 검사를 통해 파악하는 두뇌활용 패턴

구분	진단 내용
인지 패턴	인지강도, 인지속도 등을 측정하여 문제해결에서 나타나는 기초적인 인지 능력 파악
문제해결 성향	좌·우뇌 활성도를 측정하여 문제해결시 주로 활용하는 뇌 성향 파악
두뇌 스트레스	활성 뇌파 세부리듬을 측정하여 문제해결시 나타나는 두뇌 스트레스 상태 파악
집중력 패턴	집중강도, 지속력을 측정하여 집중력 패턴 파악
두뇌상태 점검	활성 뇌파 세부리듬을 측정하여 두뇌 활성도가 정상 수치에 있는지 파악
공간지각력, 기억력	Brain Test 결과 점수를 통해 공간지각력 및 기억력 파악

또한, 두뇌활용능력 검사 항목별 세부 지표는 인지능력 검사, 집중력 검사, 정서 상태 검사, 문제해결 성향 검사, 활성 뇌파 리듬 검사 등으로 구분할 수 있다(<표 Ⅰ-20> 참조).

<표 I-20> 두뇌활용능력 검사 항목별 세부 지표

구분	개념	지표	해석 방법
인지능력	- 특정 대상을 느낌으로 알거나 이를 분별하고 판단하는 의식 작용 - 사물을 알아보고 기억하며 추리과정을 거쳐서 문제해결을 하는 등 정신능력	인지 강도 인지 속도	인지 강도 및 인지 속도가 높을 때 인지능력 우수
집중력	- 외부 환경이나 개체 내부의 자극 중에서 특정한 것을 분명하게 인식하거나 그것에만 반응하도록 정신을 집중하는 능력	Theta 파 SMR 파 M-Beta 파	Theta 파가 낮고, SMR 파와 M-Beta 파가 높을 때 집중력 우수
정서 상태	- 두뇌활용능력 검사 과제를 수행할 때 느끼는 정신적인 부하 정도	두뇌 스트레스	두뇌 스트레스가 높을 때 정서적 불안, 긴장, 초조, 과도하게 각성
문제해결 성향	- 단순패턴지각, 단기기억 저장, 패턴과의 비교/인지과정으로 이루어진 학습능력 검사과제를 수행할 때의 좌뇌와 우뇌 활성 비율	좌·우뇌 활성도	좌우뇌 활성비율이 50%: 50%일 경우 문제해결 성향 우수
활성 뇌파 리듬	- 작업 수행 중일 때 뇌파 리듬 분포의 정상 여부 파악	Theta 파 Alpha 파 SMR 파 M-Beta 파 H-Beta 파 Gamma 파	각 리듬 분포가 평균 범위(40-60)에 있을 경우 정상

4. 뉴로피드백훈련

뉴로피드백(Neuro-feedback)은 뇌파 바이오피드백이라는 용어로 사용되기도 한다. 의학적으로 피드백(Feedback)이란 어떤 과정을 제어하기 위하여 출력의 어떤 부분을 되돌리는 것이라고 정의한다(이우주, 2005). 따라서 바이오피드백은 인간의 체내에서 스스로 조절할 수 없는 기능이나 관련 정보를 인간이 알 수 있는 정보로 바꾸어 주어서 인간이 조절할 수 없거나 조절이 불가능한 기능을 조절할 수 있도록 해주는 것을 의미한다(윤일심, 2012). 즉, 뉴로피드백은 자신의 뇌파정보를 직접 눈으로 보면서 뇌발달에 필요한 뇌파를 스스로 조절하여 뇌신경 네트워크를 발달시켜 뇌의 가소성을 향상시키고 뇌신경조직과 네트워크를 재조직하고 재구성하여 뇌를 스스로 활성화시키는 과학적이고 효과적인 방법이다(미국바이오피드백학회, 1968). 이러한 뉴로피드백을 임상적으로 이용하기 위해서는 특정 뇌파와 그 뇌파가 나타날 때의 뇌의 상태나 증상에 대한 이해가 있어야한다. 뉴로피드백의 목적은 특정 뇌파를 조작적 조건화를 통해 증가시키거나 억제시켜서 원하는 효과를 얻고자 함이다(정용안 외, 2007).

특히, 뉴로피드백은 사용자의 뇌파를 측정, 분석하여 사용자가 자신의 뇌 상태를 정확히 파악한 후 자신이 필요로 하는 상태를 스스로 만들 수 있도록 훈련시키는 기술이다. 이러한 뉴로피드백의 원리는 뇌와 뉴로피드백 장치가 서로 간의 대화를 통해서 뇌가 스스로 훈련을 한다는 이론에 근거하고 있다(박병운, 2005).

한편, 뉴로피드백훈련 프로그램의 순수한 효과를 검증하기 위해 중재가 제공되는 동안 정확한 뇌파조절 훈련을 위해서 훈련 시 피험자의 자세와 측정자의 자세, 측정환경에 동일한 환경을 유지하여야 한다. 실험기구는 뉴로피드백 시스템이 장착된 컴퓨터나 노트북을 이용한다. 뉴로피드백 훈련은 BQ Test에 포함되어 있는 그림 색칠하기 분석 프로그램으로 휴식,

주의력, 집중력 각기 1분씩 측정하여 가장 낮은 점수를 훈련모드로 채택, 일주일에 2회 혹은 3회, 1회 훈련시간은 30-40분정도, 훈련방법은 헤드밴드에 부착된 가운데 전극인 FPz 부위를 전전두부인 이마 정중앙에 오도록 머리에 적절한 세기로 매고 좌측 귓불에 기준전극을 연결한 다음 헤드폰을 장착한다. 그림 색칠하기(mind picture) 프로그램은 각성 시 활동상태(휴식, 주의력, 집중력)를 반영하는 알파파와 SMR파, 저베타파의 상대적 비율을 분석하여 피검자 자신의 뇌상태에 관한 조절능력 파악이 가능한 프로그램이다. 피검자가 피드백한 뇌파 중 상대적 비율이 가장 적은 주파수가 피검자의 훈련모드가 된다. 안정을 취한 후 긴장이완훈련으로 '컵 만들기' 게임을 실시하였고, 그다음은 주의력 훈련으로 '활쏘기'나 '행성 기억하기' 게임 등을 실시한다. 게임형식으로서 흥미유발, 주의집중력, 긴장이완을 도와주는 시스템이며 거울을 보고 잘못된 자세를 교정하듯이 모니터를 통하여 뇌파정보를 직접 눈으로 보면서 뇌신경 네트워크를 발달시키는 훈련이다(백기자, 2011).

4장 연령별 두뇌 발달

1. 연령별 두뇌발달 특성

인간의 뇌는 담당하는 기능에 따라 상위 뇌, 중위 뇌, 하위 뇌로 구분할 수 있다. MacLean(1990)은 이들 세 뇌 부위는 모두 태내에서부터 발달하기 시작하지만, 왕성하게 발달하는 시기는 다르다고 설명하고 있다. 상위 뇌 피질(cortex)의 발달은 다른 부위에 비해 상대적으로 늦게 이루어지며 성인기까지도 지속된다(Gazzaniga, Ivry, & Mangun, 2002).

상위 뇌는 고차적 사고나 계획을 담당하는 부위이다. 중위 뇌의 변연계(limbic system)는 생후 15개월에서 4세 무렵까지 활발하게 발달하는데, 변연계의 중요한 구성요소 중의 하나인 해마(hippocampus)는 기억력과 관련하여 그 성숙시기 역시 4세를 전후하여 왕성하게 발달한다(Hannaford, 1995). 이 시기에는 유아의 기억력이 증가한다(김유미, 2002).

중위 뇌의 변연계(limbic system)는 정서, 수면, 호르몬, 성욕 및 냄새를 담당한다. 하위 뇌의 경우 뇌간(brainstem)은 가장 먼저 발달하는 부위로 수정에서 생후 15개월까지 왕성하게 발달한다(Hannaford, 1995), 갓 태어난 신생아 경우도 생존하는 데 필요한 호흡이나 체온 조절과 같은 기능을 수행하는 것을 보면 뇌간의 발달이 가장 먼저 이루어짐을 알 수 있다.

한편 뇌의 좌우반구의 발달의 시기를 살펴보면 역시 그 시기가 다르다는 것을 알 수 있다. 우반구(right hemisphere)의 발달 시기는 4세에서 부터 7세 사이가 가장 많이 발달하는 시기이고, 좌반구(left hemisphere)는 7세에서 부터 9세 사이에 가장 왕성한 발달을 하다(Hannaford, 1995). 또, 뇌량(corpus callosum)은 좌반구와 우반구를 연결하는 커다란 신경섬유 뭉치인데 이는 1세부터 발달하기 시작하여 4-5세 무렵이 되면 안정기에 이른다(Berk, 2000).

또한, 전두엽(frontal lobe), 두정엽(parietal lobe), 측두엽(temporal lobe) 및 후두엽(occipital lobe) 등의 발달은 출생 후 3세까지는 뇌 전반에 걸쳐 발달하다가 3세부터는 앞부분에서 뒤 부분으로 발달해 간다(Restak, 2001). Greenfield(1997)은 전두엽 피질(prefrontal cortex)은 대뇌 반구에서 가장 늦게 발달하여, 생후 4세에서 7세에 이르러서야 성숙되는데, 이 영역은 하등 동물에서는 거의 찾아볼 수 없으나 영장류인 인간에게는 눈에 띄게 잘 발달된다고 설명하고 있다.

지금까지 살펴본 바와 같이 뇌 발달 과정은 [그림 Ⅰ-6]과 같이 도식화할 수 있다.

수태후 4주	3세까지	3세 ~ 6세	7세 ~ 15세	15세 ~ 30세	30세이후
뇌세포생성 출생시 1000억개 뇌세포	신경네트워크 조직화 10조개 이상이 생성	전방전두엽 완성 인간이 가지고 있는 고도의 정신활동을 주관	전체적인 뇌의 완성시기	발달속도 둔화	뇌가 쇠퇴해지지만 훈련에 의해 죽을 때까지 뇌세포가 발달할 수 있음

〈그림 Ⅰ-6〉 뇌의 발달 과정

가. 뇌세포 발달기(태아)

수태 후 25일이 되면 등쪽으로 신경들이 모여서 신경파이프를 형성하면서 발달하기 시작한다. 30일이 넘으면서 앞부분이 부풀어 오르면서 뇌가 만들어진다. 기능적으로 분화되어 하위 뇌인 연수에서부터 가장 상위 뇌인 대뇌까지 만들어지면서 100일정도 되면 구조가 다 만들어진다(백기자, 2011). 그 이후부터는 뇌세포들이 급속하게 증식되기 시작한다.

특히, 태아의 뇌는 태아기 초기인 8주경부터 형성하기 시작하여 12주가 되면 거의 완성되어진다(정인숙·유영금·강인숙·정태근, 2008). 따라서, 태아기는 뇌세포의 증가가 급격하게 이루어지는 시기이므로 충분한 고단백질의 영양공급이 필수적이다.

그러다 수태 후 8개월이 지나면서 뇌세포들이 가장 많이 증식되는데 이 시기에 갑작스런 뇌세포 소멸이 있으면서 태어날 때쯤엔 약 1000억 개의 뇌세포를 가지게 된다. 신경 네트워크는 유전자에 의해 결정된 본능적인 기본 네트워크가 구성된다. 수태 후 100일이 지나면 뇌의 인지기능이 시작되기 때문에 100일 때부터는 실제 아이가 눈앞에 있는 것처럼 생각하고 아이와 대화를 나누고 책도 읽어주고 음악도 들려주는 교육이 필요한 것이다. 실제로 이 시기에 특정 교육, 예를 들면 영어교육이나 음악교육, 산수교육 등을 집중적으로 해주면 태어나서 그 방면에 특출난 재능을 갖게 되는 사례가 많다.

나. 신경네트워크 발달기(생후-3년)

출생 시 뇌의 무게는 350g 정도인데, 첫 돌 무렵에는 800g 정도가 된다. 성인의 뇌 무게가 1,350g인 사실에 비춰본다면 다른 신체 기관에 비해 두뇌발달은 출생 초기가 결정적임을 알 수 있다. 태어나면 우선적으로 감각신경세포들이 우리 몸의 모든 감각정보들을 처리하는 신경네트워크를 발달시키기 시작하고 운동신경세포들이 몸의 모든 운동을 조절하기 위한 신경네트워크를 구성하게 된다. 이 과정이 약 1년 이내에 거의 끝난다(백기자, 2011).

특히 생후 첫 1년간은 신체아 뇌의 성장이 급속하게 이루어진다. 그리하여 이 시기를 성장의 급등기라고 한다(김영옥, 박혜리, 최미숙, 황윤세, 2009). 영아기의 두뇌발달은 생후 어느 시기보다 급격하게 이루어지기 때문에 두뇌발달의 결정적인 시기라고 한다. 생후 1년 동안에 발달되는 신경네트워크는 전체의 약 60% 가량이 완성된다. 생후 2년에서 3년 동안에는 전체 뇌신경 네트워크의 발달시기로 전체 네트워크의 약 80%가 완성된다고 본다. 이때 다양한 정보의 저장이 이루어지게 된다. 또한 이 시기에 가장 중요한 것은 부모의 따뜻한 사랑이다. 애정결핍으로 자란 아이들이 커서 범죄에 빠지거나 성격이상이 되는 확률이 아주 높으며 뇌도 그 무게에서 10-15% 가량 가볍게 된다.

다. 전전두엽 신경네트워크 발달기(4-6년)

뇌의 성장은 3세경에 어른의 약 75%까지 성장하며, 6세경이 되면 어른의 약 90%까지 완성된다. 따라서 대뇌와 신경계의 발달은 유아기의 가장 중요한 신체발달 중의 하나라고 할 수 있다. 또 6세경에 뇌와 두골 밑의 신경섬유도 거의 성숙되어 정신 조작이 가능할 수 있는 신경조직이 갖추어지게 된다. 대뇌의 좌반구는 신체 오른쪽의 근육운동을 통제하며 언어, 과학, 수학, 논리에 관한 정보를 처리하는 반면, 우반구는 신체 왼쪽의 근육운동을 통제하며 음악, 미술, 공간지각, 창의력에 관한 정보를 처리한다(김영옥, 박혜리, 최미숙, 황윤세 아동발달론 2009).

유아기 동안 뇌 크기의 증가는 수초화와 시냅스 밀도의 증가로 인한 것인데, 수초화가 증가할수록 정보가 전달되는 속도가 빨라지고 효율성이 높아진다. 발달심리학자들은 아동발달에 있어 수초화의 중요성을 특히 강조한다. 시냅스는 신경세포의 자극전달부로서 시냅스의 밀도는 출생 후 2세까지 급격히 증가하다가 그 후 감소하여 7세경에는 성인의 수준에 도달하게 된다(Lynch & Gall, 1979; Paus et al., 1999).

특히, 생후 4년에서 6년 사이는 비로소 인간의 가장 고등 정신작용을 조절하는 부위이다. 생각하고 분석하고 추리하고 종합하며 창조하는 모든 고도의 정신작용이 이 부위에서 일어난다. 따라서 전전두엽을 문명의 뇌라고 부른다(백기자, 2011). 이때부터 아이들은 지적 호기심이 강하게 되어 질문이 많아진다. 그러면서 전전두엽의 신경네트워크가 발달하게 된다. 이때까지 해서 뇌 전체 네트워크의 90%가 완성된다. 2단계까지 구축된 다양한 정보들이 종합되면서 새로운 분석능력과 사고능력이 생기면서 질문들이 많아지는 것이다.

라. 좌우뇌 통합 발달기(15세기까지)

청소년기 뇌에서 일어나는 변화는 중대한 발달기라는 측면에서 놀랄 정도로 복잡하며 사춘기 청소년의 전전두엽은 신경경로의 구조적 성숙을 하는 단계로서, 뇌 전체적인 통합 발달시기이다. 이러한 사춘기가 시작되는 만 11-12세가 되면 감정 파악의 속도가 20%정도 떨어지며, 18세가 되어야 정상수준을 회복하는데 이는 청소년기의 뇌에서 리모델링이 일어나는 동안 전두엽 회로가 상대적으로 비효율적으로 변한다는 것을 발견하였다. 이러한 발견들은 청소년기의 뇌가 성인의 뇌와는 다르게 세상을 느끼고 반영할 가능성에 대해서도 말하고 있는 것이다. 청소년기의 뇌에서 일어나는 수초화 현상은 학습의 결정적인 시기와도 관련이 있다. 수초화 현상이 가장 늦게 일어나는 곳은 전전두엽으로서 청소년기에는 사고의 질이 향상되어 추상적 사고, 합리적인 의사결정, 분석 능력의 향상 등 아동기와는 다른 논리적인 기능을 갖추어 나가게 된다(윤일심, 2012).

특히, 3단계까지 전전두엽의 발달이 이루어진 것을 발판으로 좌뇌와 우뇌의 기능들이 본격적으로 통합·발달되면서 인간다운 사고능력이 급속히 발달하게 된다. 비로소 고도 학습능력을 키울 수 있게 된 것이다. 인간의 뇌는 좌뇌와 우뇌가 기능직으로 분화되어 있는데 이것이 절대 따로따로 작용하지 않는다. 좌우뇌의 역할분담은 작업효율을 극대화시키기 위한 것이고 실제로 한 가지 정보를 처리하기 위해서는 좌뇌와 우뇌가 협력적으로 일하게 된다. 만일 이런 통합작용이 떨어지게 되면 지적능력과 뇌 활동능력이 떨어지게 된다. 그래서 6세까지 모국어가 충분히 발달되었으면 12세까지 제 2외국어를 익힐 수 있는 최적시기가 된다. 이때 외국어를 익히게 되면 마치 모국어처럼 익힐 수 있게 되며 그 능력은 평생 가게 된다.이 시기는 초등학교와 중등학교를 다니게 되는 시기로 다양한 과목에 대한 학습이 이루어진다. 중요한 것은 스스로 학습할 수 있는 습관을 길들이는 것이다. 뇌발달은 외부정보를 스스로 처리해야 이루어진다. 외부에서 주입되는 주입식 교육과 단순 반복학습은 뇌발달을 편향되게 만들고 신경네트워크의 발달도 느리게 된다. 능동적으로 스스로 학습하는 뇌만이 제대로 신경네트워크를 발달시켜 뇌기능을 최적화시키게 된다(백기자, 2012).

마. 전성기(15-35세)

고등학교, 대학교, 대학원 및 사회생활을 하는 시기이기 때문에 가장 고도의 지적활동을 하게 된다. 이 시기에 가장 높은 창의력이 나타나게 되며 새로운 발명도 이때 가장 활발하게 된다. 이러한 창의력은 인간이 지니고 있는 지적 능력 중 가장 뛰어난 능력으로서 지적 능력이 최고도로 종합되었을 때 발달되는 것이며 깊은 내면의식의 각성이 뒷받침되어야 완성된다(백기자, 2011).

바. 쇠퇴기(35세 이후)

35세가 넘으면 뇌세포의 파괴속도는 급속히 증가하면서 신경네트워크가 파괴되기 시작한다. 45세가 넘으면서 노안을 비롯하여 뇌 노화로 인한 육체적인 노화현상이 나타나기 시작한다. 50세가 넘으면서 뇌세포의 급속한 파괴로 기억력이 현격히 저하되기 시작한다. 60세 이후는 노인 뇌로 바뀌면서 다양한 노화현상들이 현저히 드러나게 된다. 노인과 유아의 차이는 노인은 뇌세포의 파괴로 인한 신경네트워크 약화인데, 유아는 뇌세포는 충분한데 신경 네트워크 미숙으로 인한 약화이다(백기자, 2011).

지금까지 살펴본 바와 같이 두뇌 발달 특성을 정리하면 <표Ⅰ-21>과 같이 요약할 수 있다(백기자, 2011).

<표 I-21> 연령별 두뇌 발달 특성

단계	발달기	시기	특성
1	뇌세포	태아기	태교, 수태 후 100일이 뇌의 인지기능, 8개월 뇌세포 증식
2	신경 네트워크	0~3세 (영아)	전뇌가 고루 발달하도록 다양한 자극 주기, 신경네트워크 80%
3	전전두엽 신경 네트워크	3~6세 (유아)	인간성을 담당하는 전두엽의 발달, 인간다운 사고능력, 신경네트워크
4	좌·우뇌 통합	6~15세 (초·중·고)	언어교육, 전두엽 발달 발판으로 좌·우뇌의 기능 통합, 인간다운 사고능력 발달, 6세 모국어, 12세 외국어, 능동적인 뇌가 뇌기능 최적화, 두정엽과 양 옆의 측두엽이 발달한다. 공간 입체적인 사고기능, 즉 수학, 물리학적 사고를 담당하는 두정엽도 이때 발달한다. 12세 이후 시각기능 담당 후두엽

5	전성기	15~35세(고등)	뇌의 날개, 고도의 지적 활동, 뇌능력의 발판 3단계, 화두는 창의력, 창의력은 지적 능력 중 가장 뛰어난 능력, 지적 능력이 최고도로 종합, 내면의식이 뒷받침
6	쇠퇴기	35세 이후	뇌세포 파괴, 신경네트워크 파괴, 기억력 저하, 신경네트워크 약화(파괴), 유아(미숙)

이 외에도 연령별 두뇌 발달 특성과 그에 따른 교육방법을 정리하면 <표 Ⅰ-22>와 같다(윤일심, 2012).

<표 Ⅰ-22> 연령별 두뇌 발달 특성에 따른 교육방법

시기	단계	뇌변화	뇌파	심리상태	교육방법
수태중	뇌세포 형성	1000억개 뇌세포형성	측정 불능	산모의 안정이 중요	충분한 영양 공급과 안정, 많은 대화
~6개월	기본 신경망 구성	감각, 운동, 언어신경망 발달시작	델타파	숙면 상태	감각, 운동, 언어 신경망 발달을 위해 운동과 많은 대화
~1년	기본신경망 발달 (60%)	감각, 운동, 언어신경망 발달	세타파	수면 상태	감각, 운동, 언어 발달을 위해운동과 많은 대화, 정보 제공
~3년	전체신경망발달 (80%)	전체신경망 발달	세타파 > 알파파	수면상태 외부자극에 수동적	많은 대화와 많은 정보제공, 도서관건설

연령	뇌발달	신경망	뇌파	특징	학습
~6년	전전두엽 발달 (90%)	전전두엽의 신경망 발달	세타파 > 알파파	외부자극 수용, 자의식 형성	창조, 분석, 사고, 논리력증진, 모국어 완성
~12년	전뇌발달	뇌 전체신경망 발달	알파파 > 베타파	자기조절기능, 타인의 의식	제2외국어 완성, 종합적 사고능력 배양
~15년	뇌 완성	뇌발달이 완성, 성인의 뇌	알파파 > 베타파	사춘기, 성인으로 전환	종합적 사고능력 배양
~45년	뇌전성기	신경망 유지	알파파	안정 상태	종합적 사고능력 배양
~이후	노화	신경망 퇴화	세타파	노인성심리	부단한 학습

2. 결정적 시기

아동의 뉴런들은 어른들보다 더 많은 연결고리를 만든다. 특히, 환경이 좋을수록 더 많은 연결고리를 만들어 학습이 더 빨리 일어나고 더 많은 의미를 가진다. 그러나, 청소년이 되는 사춘기 시절의 뇌는 경험을 토대로 연결고리를 선택적으로 강화하거나 제거함에 따라 유용한 연결고리는 영원히 유지되고, 그렇지 않은 것은 소멸되는 아포토시스(apoptosis) 과정이 일어난다(Sousa, 2011).

<표 I-23> 발달 유형별 기회의 창 시기

구분	특징
운동발달	· 태아기부터 8세까지 · 단순과제 및 복잡한 연합 포함 · 창이 열리는 기간에 학습된 운동은 숙련되게 학습될 가능성이 높음(창이 작아진 후도 운동기술 학습 가능) · 대부분 저명한 운동연수, 음악가 등은 8세 이전 운동기술 연습
정서통제	· 2개월부터 30개월까지 · 정서(변연계)가 이성(전두엽)보다 먼저 발달 · 정서와 이성의 치열한 싸움(미운 두 살) ※ 청소년 시기에 위험한 상황 개입 이유 설명
언어습득	· 태어난 후 10-12세까지 · 초등학교에 외국어 수업 시작하는 근거
어휘발달	· 2개월부터 6세까지 · 아이에게 더 많은 어휘 노출 및 아이 사용 격려
수학 및 논리	· 태어난 후 4세까지 · 기초적 수 감각 · 언어적 표현 없어도 숫자 관계 인지 가능
악기연주	· 약 3개월도 음악에 반응하지만, 목소리 화음 등 노래부르거나 악기연주는 부적절 · 3세부터 10세까지

특히, 뇌가 신경연결망을 형성하거나 공고화하기 위해 특정한 투입 정보에 반응하는 중요한 결정적 시기를 기회의 창(Windows of Opportunity)이라고 한다. 이러한 기회의 창이 닫히면 해당 과제에 할당된 뇌세포들은 제거되거나 다른 과제를 해결하기 위해 배정된다(Diamond & Hopson, 1998).

한편, 운동발달, 정서통제, 어휘, 언어습득, 수학 및 논리, 악기 연주 등 특정 연령대별 기회의 창을 제시하면 <표 Ⅰ-23>과 같이 정리할 수 있다(Sousa, 2011). 이러한 기회의 창을 도식화하면 [그림 Ⅰ-7]과 같다.

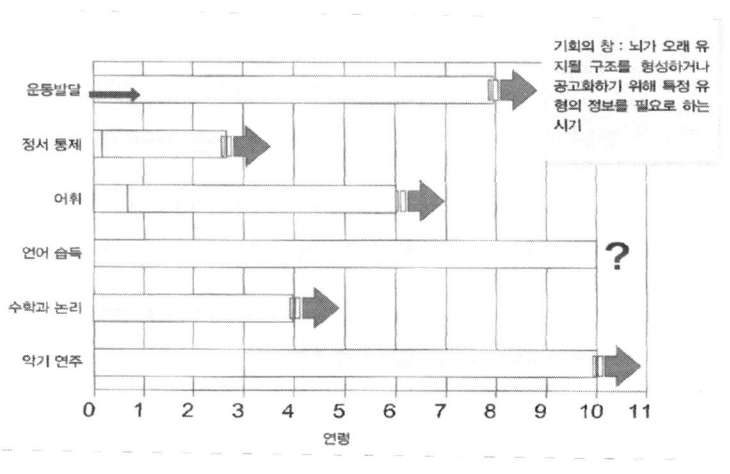

[그림 Ⅰ-7] 특정 연령대별 기회의 창

특히, 두뇌의 변연계와 전두엽 발달은 [그림 Ⅰ-8]에서도 알 수 있듯이, 청소년기에 감성 측면의 변연계가 이성 측면의 전두엽보다 더 빨리 발달하기 때문에, 청소년기에 학교폭력 등 다양한 문제행동이 일어날 수 있다.

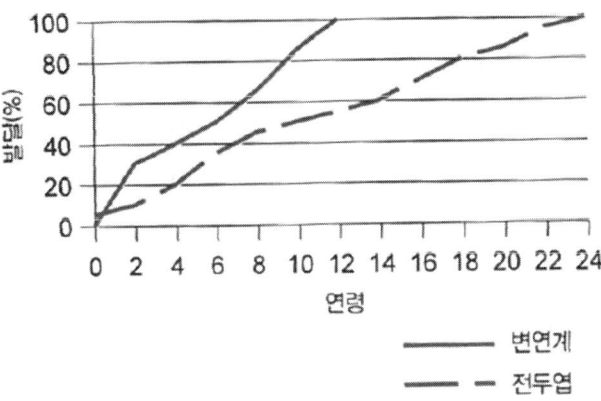

[그림 Ⅰ-8] 두뇌의 변연계와 전두엽 발달 비교

3. 성별 두뇌발달 차이

남자와 여자의 뇌는 <표 Ⅰ-24>과 같은 구조적, 발달적, 수행적 차이를 가지고 있다(Cahill, 2005; Baron-Cohen, 2003; Gazzaniga et al, 2002; Everhart et al, 2001; Gur et al, 1999).

<표 I-24> 남자와 여자의 두뇌발달 차이

구분	남자	여자
회백질	좌뇌>우뇌 여자보다 적음	좌뇌=우뇌 남자보다 많음
백질	좌뇌=우뇌 여자보다 많음	남자보다 적음
뇌량	여자보다 작고 얇음	남자보다 크고 두꺼움

편도	여자보다 빨리 자람(공격성) 여자보다 큼 정서적 자극에 우뇌 편도 활성화(상황중심 요약 기억)	남자보다 늦게 자람 남자보다 작음 정서적 자극에 좌뇌 편도 활성화(구체적 사실 기억)
해마	여자보다 늦게 자람 여자보다 작음	남자보다 빨리 자람 남자보다 큼
언어	좌뇌(독점) 여자보다 뉴런 밀도 낮음	좌뇌(주)+우뇌(추가) 남자보다 뉴런 밀도 높음
인지	대상 3차원 회전, 목표지향 운동기술, 복잡한 도표에서 숨은 모형 발견, 수학적 추론, 공간 과제 등 여자보다 더 잘 수행	지각속도, 언어유창성, 대상 위치 결정(순서), 대상 특성 식별, 수학계산 등 남자보다 더 잘 수행
정서	여자보다 변연계가 더 좁음	남자보다 변연계가 더 넓음 다른 정서유형 더 잘 인지
얼굴 재인 및 표현	우뇌>좌뇌	좌뇌>우뇌

뇌 발달의 구조적, 발달적, 수행적 차이를 가지는 원인은 <표 Ⅰ-25>과 같이 정리할 수 있다(Sousa, 2011; Cahill, 2005).

<표 I-25> 두뇌 발달의 성별 차이 원인

구분	내용	비고
호르몬	테스토스테론 등 호르몬 영향	테스토스테론은 남자 좌뇌 발달 지연(우뇌 의존, 왼손잡이 많음)
자연 선택	노동력 분화(남자-사냥, 여자-집안일)	길찾기능력, 공간능력, 목표물 겨냥기술 등(남자), 집안일, 섬세한 운동능력, 언어기술(여자)
환경	감각 발달 차이 여가 시간 차이	청각,촉각(좌뇌)은 여자 더 발달 TV시청시 여자(대화-좌뇌), 남자(시각-우뇌)

이 외에도 뇌 가소성의 특징에 따른 두뇌 발달 단계를 소개하면 과잉생산 단계, 가지치기 단계, 수초화 단계 등 <표 I-26>과 같이 정리할 수 있다.

<표 I-26> 뇌 가소성의 특징에 따른 두뇌 발달 단계

구분	뇌가소성 특징	발달 시기	교육적인 특징
과잉생산 (1단계)	뉴런, 시냅스 증가	영유아기 아동기	많은 정보 및 경험 제공
가지치기 (2단계)	뉴런, 시냅스 감소	사춘기	긍정적 정보 및 경험 연습 및 반복 훈련을 통한 습관 형성
수초화 (3단계)	정교화	청소년기 성인기	올바른 가치관 및 인격 형성

II부. 뇌과학과 동화구연

1장 동화구연의 개념 및 특징

동화구연은 이야기를 통해 상상력과 창의성을 자극하고, 언어와 소통능력을 향상시키며 논리적 사고를 촉진시키는데 많은 도움을 준다. 동화구연은 이야기의 흐름과 인물 간 상호작용 등을 통해 사회적, 감정적, 도덕적 문제 해결 능력을 향상시키는데 도움이 된다. 이러한 동화구연은 뇌과학과 상당히 밀접한 관련이 있다. 동화구연은 언어와 상상력을 자극하여 뇌의 활동을 촉진하고, 뇌의 기능을 개선하는데 도움을 준다

뇌과학은 동화구연의 효과를 연구하고 있으며, 어떤 종류의 이야기가 어떤 종류의 뇌 활동을 유발시키는지에 대한 연구를 하고 있으며, 이를 통해 동화구연을 통한 학습과 뇌 기능 개선에 대한 새로운 통찰력을 얻을 수 있다.

따라서, 뇌과학과 동화구연은 서로 보완적인 관계를 가지며, 뇌 기능의 개선과 학습 능력을 향상시키는데 중요한 역할을 한다.

그러므로 먼저 동화구연의 개념과 특징에 대해 알아볼 필요가 있다.

1. 동화구연의 개념

동화구연은 이야기를 다양한 목소리로 재미있게 들려주는 것이다. 구연은 한자어로 "입으로 연기한다."는 뜻이다. 간단하게 말해서 동화구연은 "동화를 말로써 들려주는 것"을 말한다.

엄밀하게 이야기하자면 구연가는 동화를 다 암기한 후 연기하듯이 어린이에게 들려주는 것인데 요즘은 그림책을 읽어 줄 때 등장인물의 성격이나 감정을 잘 표현하면서 읽어 주는 것도 구연이라 할 수 있다.

아동문학가이자 동화구연가인 루스 소여(Ruth Sawyer,1880~1970)는

1942년에 처음 출판된 The Way of the Storyteller(이야기꾼의 길)에서 동화구연을 민속 예술이자 살아있는 공예로 표현했다.

또한 동화구연은 학습을 위한 목적이나 훈련을 위한 것이 아니라 아이들의 마음속에 다가가는 즐거움이라야 한다고 말했다.

동화구연은 시청각 교구재를 활용하지 않고 이야기를 듣는 청자에게 동화의 내용을 재미있게 들려주는 것이다. 요즘 시청각 교구의 홍수 속에 사는 아이들에게 어떻게 흥미를 끌고 이야기 속으로 들어 올 수 있도록 할 수 있을까? 동화구연은 어린이들을 이야기 속으로 빠져들게 할 수 있는 큰 힘을 가지고 있다. 동화를 들려주는 구연가의 다양한 목소리 표현, 제스처, 표정 등에 의해서 동화의 내용이 더욱 흥미 있게 전달된다. 그러므로 동화구연이야말로 어린이들이 독서를 지속하고 책을 좋아하게 만드는 마술 같은 요소다. 눈으로 보던 문자 언어를 음성언어로 들려줌으로써 책 속으로 빠져들고 공감할 수 있도록 해준다.

동화구연의 개념이 음성과 제스처, 표정으로만 이야기를 전달하는 것이라고 하지만 유아교육 현장에서는 약간의 매체를 활용하여 동화구연을 하기도 한다.

미디어의 발달로 태어나면서부터 미디어와 만나는 아이들에게 동화구연은 상상할 수 있는 힘을 길러준다. 많은 것을 시각적으로 보는 어린이들에게 청각적인 자극을 주면서 무한한 상상을 할 수 있게 해준다.

그러므로 동화구연은 시각적인 피로감을 갖고 있는 어린이들에게 청각적인 접근으로 정서적 안정을 취할 수 있도록 도와준다.

이러한 동화구연은 디지털 원주민이라고 표현되는 우리 아이들에게 책의 흥미를 주기 위해서는 꼭 필요하다. 아무리 좋은 책이라도 아이들의 흥미를 얻지 못한다면 아이들에게 외면당하기 때문이다.

<표 II-1> 국내 학자들이 제시한 동화구연 개념

구분	기능
심의린 (1928)	· 단순히 어린이들에게 흥미만을 주는 것이 아니라 이야기를 통해서 마음의 감화를 받아 변화를 요구하는 단계『화방연습 실연동화』교재
석용원 (1980)	· 동화구연이란 동화라는 문학예술을 독자에게 전달하는 수단이요 방법이다. 유아동화의 구연교육 장학출판사
엄기원 (1997)	· 동화구연이란 입에서 나오는 말로 연출한다는 말로서 입으로 재미있게 들려주는 동화이다. 동화구연 교실, 지경사
최운식 김기창 (1998)	· 동화 구연이란 동화의 내용을 말로써 전달하는 것이다. (전래동화 교육론, 집문당)
김원기 (1998)	· 일정한 도구를 사용하지 않고 동화 구연자와 동화를 듣는 청자와의 대화에 의해서 이야기가 전개되며, 동화를 발표하는 구연자의 음성, 몸짓, 표정 등의 의해서 동화의 내용이 더욱 흥미있게 전달되는 것이다.
장영주 (1998)	· 입으로 들려주는 이야기로 청자에게 다가가는 소리와 표현의 연기로 구연 자체가 변화된 자체의 모습을 보여주어야 한다. 구연동화의 이론과 실제. 한국 교육평가원,
이은경 2002	· 눈으로 보는 언어를 귀로 듣는 언어로 바꾸어 동화를 감상하는 것이다

**동화구연과 구연동화

흔히 구연동화와 동화구연을 혼동해서 같은 의미로 사용하기도 하는데, 이 두 가지는 엄밀히 해서 다르다. 동화구연은 말로써 동화를 들려주는 행위를 말하는 것이고, 구연동화는 구연하도록 쓰인 동화를 지칭하며, 들려주기 위한 '원고'의 의미를 갖는다. 그러므로 엄마가 집에서 아이들에게 동화를 재미있게 읽어주는 것은 [동화구연]이라고 하는 것이 맞겠다.

2. 동화 구연의 특징

동화 구연을 하기 위해서는 이야기를 듣는 이(청자). 이야기를 하는 이(구연자), 듣는 동화(내용) 의 3요소가 충족되어야 한다. 이밖에도 구연의 시기와 구연의 장소에 따라 동화 구연의 요소에 다소 차이가 있을 수 있다. 다음에서 동화 구연의 3요소를 구체적으로 알아보기로 한다.

가. 청자

구연의 내용을 귀로 듣는 사람은 모두 청자가 된다. 좋은 청자가 되기 위해서는 들려주는 사람과 내용에 주의를 집중할 수 있는 힘이 있어야 하고, 바르게 듣는 태도를 익히지 않으면 안 된다(이은경, 2002).

듣는 이의 태도를 바르게 하기 위해서는 내용의 전달 과정에서 발생할 수 있는 다음과 같은 방해 요인을 차단하는 것이 필요하다. 첫째, 소리의 크기가 너무 작거나 크지 않도록 성량을 조절한다. 둘째, 소리가 너무 단조롭게 지속되면 청각 피로 현상을 초래할 수 있다. 따라서 적절하게 소리를 변화시켜 주어야 한다.

셋째, 개인의 청각 능력은 생리적인 현상에 의해 좌우될 수 있다. 예를 들어 몸이 아플 경우 청각 능력이 떨어질 수 있으므로 개개인의 현재 상태를 파악하는 것이 필요하다. 넷째, 청자가 전달된 내용을 내면화하고 이해하기 위해서는 과거의 경험과 지식에 의한 배경지식이 요구되므로, 이를 고려한 내용을 선택하는 것이 좋다(설양환 외, 2002).

나. 구연자

동화를 들려주고자 하는 사람은 누구나 구연자가 될 수 있다. 구연자의 자격이 특별히 정해져 있는 것은 아니지만, 구연자는 기본적으로 어린이를 사랑하는 마음을 가지고 있어야 한다.

또한 어린이의 생활과 발달 특성을 잘 알고 어린이에게 적합한 동화를 선택하고 들려줘야 한다.

동화구연가이며 어린이 책 작가인 루스 소여(Ruth Sawyer)는 훌륭한 구연자가 되기 위한 기본적인 비법은 없다고 말한다. 구연의 기술이라는 것은 "기술을 폐지하는 기술"이라고 표현한 루스 소여는 우리의 악기인 목소리와 언어로 전하는 예술이자 공예라고 했다.

구연자는 동화을 어린이의 상황과 수준에 맞는 동화를 잘 선정하여 구연을 마치 미술가가 선, 색, 그리고 원근법을 사용하는 것과 같이 언어의 입체적인 예술로 승화해야 한다.

루스 소여는 1880년 미국 보스턴에서 태어나 뉴욕에서 자랐다. 컬럼비아 대학에서 동화 구연과 민속학을 전공했다. 1936년에 <롤러스케이트>로 뉴베리 상, 1965년에 로라 잉걸스 상을 수상했다.

다. 내용

구연의 내용은 대단히 광범위하다. 신화, 전설, 민담, 환상 동화, 생활 동화, 과학 동화 등 어떤 종류의 동화라도 구연의 내용이 될 수 있다. 그러나 이러한 동화가 구연되기 위해서는 듣는 사람의 수준을 고려하여 수정되어야 한다. 또한 어린이가 들어야 되는 동화는 어린이에게 적합한 고도의 예술성을 가진 것이라야 한다. 어린이들은 자신이 들었을 때 이해가 가능하고, 자기들의 생활과 관련되며, 흥미와 즐거움을 유발하는 사건이 이어지는 동화를 좋아한다. 따라서 어린이에게 동화를 들려주기 위해서는 어린이의 수준에 맞지 않는 부분을 삭제한다거나 수정해서 어린이의 흥미를 끌 수 있도록 개작하는 과정이 필요하다.

Coody(1983)는 구연 내용이 적절한지를 알아보기 위해 다음과 같은 사항을 점검해 보도록 권하고 있다.

- 구연자에게도 이야기의 내용이 재미있고 즐거운가?
- 이야기가 구연자의 성격과 스타일에 맞는가?
- 이야기가 청자의 수준에 알맞은가?
- 내용을 개작하여도 줄거리에 변화가 없는가?
- 이야기 전개 과정에 대화와 동작이 충분히 들어 있는가?
- 문장이 너무 길지 않은가, 그리고 내용을 쉽게 요약정리할 수 있는가?
- 구연자가 준비하기에 용이한가?

2장 동화구연의 역사 및 최근 동향

1. 동화구연의 역사

동화구연이 언제부터 시작되었는지, 그리고 누가 제일 먼저 시작했는지 등을 묻는다면 아마 동화 구연을 연구하는 학자들도 정확한 답변을 못할 것이다. 왜냐면 역사가 시작되면서부터 우리는 끊임없이 이야기를 들려주고 듣고 자라왔기 때문이다.

그 과정에는 들려주는 사람마다 표현법이 달랐을 것이고, 듣는 사람의 정신적, 물리적 환경에 따라 이야기를 해석하는 방법도 달랐을 것이다. 따라서 같은 제목의 같은 내용이라 하더라도 구연자의 배경에 따라 이야기의 내용도 자연스럽게 조금씩 변화되었으리라 생각된다.

가. 신화, 구전설화 전승

아주 오랜 옛날부터 전해져 오는 신화나 구전설화가 지금까지 각 지역에서 전해지는 이유는 이야기를 전해주는 사람이 있었기 때문이다. 누군가의 입에서 입으로 전해졌던 이야기가 문자가 발달하면서 기록되고 그 기록이 현재 우리에게 중요한 문학적 가치로 남아 있다. 여기서 입에서 입으로 전해주던 누군가는 오늘날 동화구연가의 역할을 했을 것이다. 현재 각 지역에서 전승되고 있는 민간신화나 설화가 비슷한 내용이 많이 있다. 같은 이야기의 이본이 많은 이유는 이야기를 전달하는 사람이 자신이 들은 이야기에 살을 더 붙이거나 빼서 전달했기 때문이다. 이렇게 입에서 입으로 전하는 구전 문학이 오늘날 동화구연의 형태를 띠고 있다.

나. 노변동화(fire side story)

한 이야기가 몇 백 년을 전해 내려온다는 것은 그 불후 불변의 생명력 탓도 있지만, 그것을 꾸준히 전해주는 사람을 도외시할 수 없다.

동화구연의 효시를 누가 언제, 어디서부터라고 단정한 사람은 없다. 그러나 가정에서 할머니 또는 이웃 형님이 누구에게 이야기를 했을 것으로 보고, 가정에서의 이러한 동화를 노변동화(爐邊童話)라고 부른다.

다. 조선시대 이야기꾼 전기수

전기수(傳奇叟)란 말 그대로 '기이한 이야기를 전해주는 노인'이란 뜻이다. 전기수는 조선 후기 청계천 거리에서 사람들을 모아놓고 재미있게 소설을 읽어 주었다. 지금의 동화구연가라 할 수 있다. 조선시대 정조 임금 때 전기수라는 직업이 생겼는데, 글을 읽을 줄 모르는 문맹자가 많았고, 책값이 워낙 비싸서 책을 빌리거나 사서 보기가 쉽지 않았기 때문에 전기수의 인기가 대단히 높았다.

또한 당시 많이 나온 고전소설이 이야기투로 되어있어 눈으로 읽는 것보다 입으로 소리 내어 읽는 게 훨씬 재미있었다. 전기수가 거리에서 자리를 잡고 소설을 낭독하려 하면, 어느새 사람들이 구름처럼 모여들었다. 심지어 부유한 아낙네들은 남편 몰래 전기수를 집안으로 불러들여 소설을 낭독시키기도 했다. 전기수는 비록 지체 높은 임금이나 큰 공을 세운 장수는 아니었지만, 그 무렵 백성들 사이에서 없어서는 안 될 중요한 사람들이었다(정창권). 이들은 일종의 예술가로서, 이야기를 전하는 기술과 목소리 조절, 표현 등에 능숙해야 했다. 이를 통해 그들은 사람들의 마음을 사로잡고, 동시에 문화와 교양을 전파하는 역할을 했다.

라. 주일학교 동화

우리나라에 기독교가 들어오고, 제일 먼저 유년 주일학교가 시작된 것은 1890년이다. 주일학교의 프로그램은 노래와 이야기를 중심으로 이루어졌다. 1922년 이래 하계 아동 성경 학교가 시작되었는데, 선천의 마포 삼열(Samuel Austin Moffet) 목사 부인이 처음으로 시작하였다. 주일학교 프로그램은 노래와 이야기 중심으로 선교활동이 이루어졌다. 감사절, 성탄절, 부활절을 중심으로 여러 가지 행사가 열렸는데 성경 내용을 가미한 동화를 들려주었다.

엄숙하게 앉아 있어야 했던 어린이들은 동화를 듣는 시간만 웃기도 하고 소리 지를 수 있었다. 1년에 한두 번씩 있는 동화구연대회도 어린이들에게는 특별한 관심의 대상이 되었다.

마. 유치원 동화

원아와 교사가 모두 한국인인 최초의 유치원은 1913년에 백인기에 의해 서울 인사동에 세워진 경성 유치원이다. 유치원에서 어린이들에게 동화를 들려주었다. 이는 언어교육, 어린이의 정서, 사고력 향상에 도움이 되는 동화를 어린이들에게 즐겁게 들려는 동화구연을 했다. 이는 유치원 수업에서 매우 중요한 수업이었다.

바. 소파 방정환의 동화구연 활동

- 그러니까 그 전해인 1922년 9월의 시일(주일)이 소파가 동화구연을 시작한 날이었다. -

이것은 『어린이』지 3호(1923년 5월호)에 실린 기사다.

소파 방정환이 직접 동화 구연에 나섰다. 동화를 구연하는 시간이 되면 소파 방정환선생의 집 앞에 많은 사람들이 모여들었다고 한다.
또한 동화구연대회를 개최하면서 어린이에 대한 사랑과 당시 아동문학에 대한 열정을 보여준 것이다.
1923년에 '색동회'를 창립하여 어린이에 대한 애정을 보여줬으며 우리의 미래는 어린이에게 있음을 알고 어린이 사랑을 펼쳤다.
동화구연으로 어린이들을 웃기고 울리며 민족의 혼을 넣어 주셨고 손수 글을 쓰시고 어린이 잡지 등을 만들어 이 나라 어린이 운동에 횃불을 밝혔다.
"어린이를 두고 가니 잘 부탁하오."라는 마지막 말을 남기고 선생은 가셨지만 어린이의 가슴속에 영원한 친구로 길이 남아 있을 것이다.
그 당시 소파 방정환선생이 구연한 작품은 황금거위, 한네레의 승천, 상드농의 유리 구두, 백설 공주 등이 있다.

사. 심의린 라디오 방송 동화

일에 방송용 사설 무선 전화 시설이 허가되었다. (호출부호 JODK, 사용 전파장:367m (주파수: 817kHz), 공중선 전력 1kW)
본격적으로 1927년 2월 16일에 본방송을 시작했다.
경성방송국이 개국하면서 전국적으로 라디오를 통해서 동화가 송출되기 시작했다. 어린이 시간대의 편성은 전국에 있는 어린이들에게 동화를 들을 수 있는 계기가 마련해 주었다. 심의린 선생은 1927년 12월 17일부터 라디오 동화를 시작하여 1935년 8월 30일까지 이어갔다. 라디오 방송이 시작된 초기부터 동화 구연에 참여하였다.
1920년대부터 1930년대에 이르는 시기는 동화회가 번성하던 때였다.
이때 많은 아동문학가와 어린이들이 동화 구연에 참여했지만, 실질적으로 어떻게 동화를 구연하는 것인지에 대해서 구체적인 방법을 제시하지는 못했다.

그러나 심의린은 동화구연에 대한 방법론을 체계화했다.

심의린은 동화는 구연 시간이 짧게 5분에서 긴 것은 40분간으로 다양하게 이루어져 있다. 10분 이하의 작품이 4편이고, 20분 이상이 7편이다. 시간대별로 작품 배열을 다시 해보면, 구연 시간을 통해서 청중의 연령대를 상정해 볼 수 있다.

그의 저서 <실연동화 화방연습>은 동화구연의 교재라고 해도 될 만하다.

<표 II-2> 『실연동화』에 나타난 구연법

구연요소	구연방법
글의 내용	글의 내용을 많이 읽고 숙지한다.
발성과 발음	정확한 발음과 고, 저, 장, 단, 완, 급을 적절히 사용 한다.
동작	얼굴의 표정과 동작은 이야기의 내용과 일치한다.
장소	장소와 듣는 대상에 따라 발성과 동작을 적절하고 정확하게 한다.
청중에 대한 태도	청중의 시선을 잘 살피고 흥미를 잃지 않도록 한다. 청중이 구연자의 말과 표정에 따라 움직이고 느끼게 한다.

아. 김복진의 유성동화

1920년대 말부터 유성기의 보급이 확대되면서 다양한 유성기가 보급되면서 다양한 음반이 나오기 시작했다. 유성기의 보급은 1920년대부터 30년대까지 중상류층의 문화적 상징이기도하였다. 대부분

유성기의 음반은 음악이었지만 이때 어린이 사랑에 대한 관심이 늘어나면서 어린이를 위한 동요, 동극, 동화구연을 실은 음반이 나오기도 했다. 유성기가 고가라 대중적이지 못하다는 문제를 제기하는 경향도 있지만 동화구연의 역사에서는 처음으로 유성기 음반을 통해서 아이들에게 이야기를 들려준 것에 대한 교육적인 시사점이 있다.

유성기 음반을 통한 동화구연은 당시의 동화작가, 이야기꾼, 연극배우 등이 참여하여 10편의 음반을 만들었다. 그중 8편이 김복진의 음반이다. 김복진의 동화는 창작 동화라기보다 동서양의 옛날이야기를 개작하여 들려주었다. 유성기 동화구연에 대한 연구가 많이 이루어져 있지는 않지만 동화구연의 역사에서는 라디오 동화, 유성기 동화가 현재 디지털 동화의 초석이 되고 있어 그 의미가 크다.

자. 사단법인 색동어머니회

색동어머니회는 1976년 11월 9일 색동회가 주최한 제1회 전국어머니동화구연대회를 통해서 6명, 다음해 10명이 입상하고 1978년 2월 14일 색동어머니회를 창단했다. 그 후 서울시 교육청 어린이 도서관에서 매월 월례회의를 가지며 매주 1회 어린이도서관 동화구연 봉사를 시작으로 어린이집, 학교, 유치원, 보육원, 장애인센터 등 다양한 곳에서 봉사활동을 하였다. 1991년 해외 어린이를 위한 위문공연을 시작으로 해외 공연 봉사 활동을 하면서 색동어머니회로서의 위상을 넓혔다.

사단법인 색동어머니회는 2002년 11월에 교육부로부터 사단법인 인가를 받고 현재 전국 10개 지회가 활동하고 있다.

매년 어린이, 어머니, 어르신 동화구연대회를 개최 하고 있으며, 1년에 1회 1박2일 전국 임원연수, 1박 2일 전국회원연수 등을 실시하여 전국 회원들 간의 유대와 회원들의 역량 강화를 위한 세미나를 진행하고 있다.

또한 어린이를 위한 인형극, 퓨전 뮤지컬, 아동극 등 다양한 공연으로 소파 방정환선생님의 어린이 사랑을 실천하고 있다.

2020년부터 2022년까지 사단법인색동어머니회에서는 잊혀져가는 옛 놀이를 그림책으로 만들어 어린이들에게 보급했다. 어르신들의 인터뷰를 통해서 어릴 적에 놀았던 놀이를 수집하고 회원들이 글과 그림을 그려 47권의 그림책을 만들었다. 이는 잊혀져가는 놀이의 보존이라는 것과 디지털원주민인 알파세대 아이들에게 옛 놀이의 즐거움을 알려준다는 것에 의의가 있다.

2. 현재 동화구연의 동향

가. 동화구연지도사 자격증 정보

민간자격정보서비스에 등록된 동화구연 관련 자격증을 발급하고 관리하는 기관은 2008년부터 2021년까지 256개이다. 그 명칭이 동화구연지도사, 동화구연지도자 스토리텔링 동화구연지도사, 영어, 중국어, 다문화 등 언어를 다르게 한 동화구연지도사 또한, 미술이나 마술 등을 함께 융합해서 하는 동화구연지도사 창의동화구연지도사 등 많은 자격증을 발급하고 있다. 그중에서 사단법인은 38개이다. 민간자격의 양성기관인 사단법인 협회 강사들의 자격증 취득과정과자격증 취득 이후 강사 활동에 대한 실태를 조사한 강은숙(2008)은 강사의 전문성을 위해 체계적인 이론교육이 필요하며 강사 활동의 처우 개선을 위하여 자격증 양성기관은 지속적으로 관리하고 홍보해야 하며 강사자격증과 연계한 프로그램 개발과 교수 학습을 위한 연구 및 전문능력의 향상을 위한 재교육이 필요하다고 하였다. 사격증 취득 후 협회의 상사들은 활동할 수 있도록 재교육이 필요하며 전문적인 강사 활동을 위한 프로그램 개발에 노력해야 한다.

나. 인공지능 시대의 동화구연

최근 인공지능 5G 기술 등의 발달로 빠르게 변하는 세상에서 어린이들의 동화도 다양한 매체로 옮겨가고 있다. 예전 종이책에서 다양한 디지털 콘텐츠로의 변화는 디지털 원주민인 우리 아이들에게는 자연스러운 일이다. 이러한 변화 속에서 동화구연의 방법도 디지털화되고 있는데 매체에 따라 멀티미디어 동화, E-동화, AI 스피커 동화, 증강현실 동화로 나눌 수 있다.

1) 멀티미디어 동화

멀티미디어 동화란, 멀티미디어의 기능을 활용한 동화를 말한다. 즉 전통 매체인 텍스트와 그래픽과 함께 오디오, 스틸 이미지, 애니메이션, 비디오 등의 상호 작용을 통해 표현될 수 있는 동화이다. 멀티미디어 동화라는 용어는 2001년부터 사용되기 시작했으며 멀티동화라고 부르기도 한다. 2001년 당시엔 주로 플래시(Flash) 애니메이션을 이용해서 동화를 보여줬지만 차츰 다양한 멀티미디어 기술을 이용해서 확장되기 시작했다. 원본 자체를 플래시 애니메이션으로 제작하는 경우와 그림책을 원본으로 하고 2차 저작으로 멀티동화를 만드는 경우도 있었다. 이는 '원 소스 멀티 유즈(One Source Multi Use)'로 2차 저작물이 되는 것이다.

2) E-동화

E-동화는 인터넷 환경에서 e-북으로 구현되는 동화를 말한다. 특히 스마트 디바이스의 이용이 활발해지면서 스마트폰 앱을 통해서 구현되는 동화가 늘어나고 있다. 특히 최근 스마트 디바이스가 학교 현장에서 사용되면서 앱을 통한 동화를 쉽게 접할 수 있게 되어 E-동화는 많은 주목을 받고 있다. 초등컴퓨팅교사협회(ATC)는 2020년부터 초등학교 교사들을 대상으로 그림책 제작 프로젝트를 시행하고 있으며 교사들이

만든 그림책을 E-동화로 만들어 학교 현장에서 아이들에게 들려주고 있다.

3) 증강현실 동화

증강현실 동화는 동화 속의 세계를 현실로 가져와서 아이들에게 실시간으로 상호작용을 할 수 있게 한다. 책을 보면서 현실세계에서 동화 속의 가상세계를 경험하고 세밀하게 상호작용을 할 수 있도록 도와준다.

증강현실 동화는 증강현실, 즉 네트워크 기술을 통해 현실과 비슷한 다른 공간에서 인간의 시각, 청각, 촉각, 미각, 후각의 오감을 자극하며 또 다른 현실을 만드는 증강현실(AR, Augmented Reality)기술과 책(Book)을 결합한 비교적 최근에 만들어진 최신 기술이 집약된 매체다.

아이들이 그림책에 스마트 디바이스를 올려서 그림책을 보면 그림책 속 그림들이 움직이기도 하고 소리도 들리고 마치 살아 움직이는 것과 같은 경험을 하게 됨으로써 그림책에 몰입할 수 있게 한다.

증강현실 그림책으로는 보림출판사의 "꼬마 곰 무르"와 "깜깜한게 무섭다고, 내가?" 바이브캐슬 출판사의 "요나 이야기" 등이 있다.

4) AI스피커 동화

최근 인공지능 기술의 발달로 어린이집을 대상으로 인공지능(AI) 로봇 '리쿠'가 동화구연을 해주고 있어 어린이집에서 반기고 있다.

인공지능 스피커를 활용한 동화구연은 기업체에서 동화와 기술을 접목해서 어린이들이 원하는 동화를 들려주고 있다.

어린이들의 감성을 자극하고 정서적 안정감을 가져다주는 동화에 디지털 기술의 접목은 어린이들이 디지털 기기를 잘 활용할 수 있도록 하는 디지털 리터러시의 교육적인 효과를 가져올 수 있다.

디지털 원주민으로 태어난 아이들이 디지털을 잘 활용하고 디지털의 좋은 점과 나쁜 점을 구별 할 수 있는 힘을 길러주는 것이 필요하다.

III부. 동화구연의 활용

1장 구연에 적합한 동화 선정 및 동화구연 기법

1. 구연에 적합한 동화

석용원(1992)은 동화는 유아의 영혼을 하늘나라까지 오르게 하는 에스켈레이터이며, 또한 유아의 영혼을 살찌게 하는 양식이라고 했다.

Wright (1995) 역시 유아의 몸에 음식이 필요하듯 동화는 유아의 마음에 필요하다고 강조한다.

또한 Frobel은 어린이가 동화 하나를 듣는 것은 그들에게는 하나의 승리, 하나의 보물을 얻는 것이라고 했다.

학자들마다 주옥같은 동화의 개념을 내놓고 있는데 이러한 동화를 구연함에 있어 적합한 동화는 첫째, 어린이들의 발달 단계에 적합해야 한다. 어린이가 성장하면서 겪는 발달과업에 맞는 내용의 동화가 좋다. 어린이들의 생활 경험과 그 생활에서 겪게 되는 심리적인 특성이 반영된 동화라야 한다. 유아의 경우는 연령과 비슷한 주인공이 나오거나 동물들을 의인화하는 동화가 유아들의 공감을 얻어 낼 수 있다.

둘째, 어린이가 정서적으로 공감할 수 있고 흥미를 주는 내용이라야 한다. 아무리 좋은 동화라 할지라도 어린이가 공감하지 못하고 흥미를 끌 수 없는 내용이라면 구연하기에 적합하지 않다. 동화구연은 아이들에게 시각적인 요소를 제공하지 않고 청각에만 의존하여 들려주는 동화이므로 정서적 공감 할 수 있는 동화라야 한다.

셋째 대화체와 해설체가 적절히 구성되어야 한다.

동화구연에 적합한 해설과 대화의 내용이 1대 3정도가 적합하다. 이 구성은 동화구연대회 원고의 구성이긴 하지만 너무 해설로만 이어진 동화는 구연하기 적합하지 않아 개작이라는 절차를 거친다.

가. 동화 선정 시 고려하여야 할 점

1) 재미있어야 한다.
2) 길이가 알맞아야 한다. (아동의 집중시간을 고려)
3) 이야기 속의 대화가 적절하게 배분되어야 한다.
4) 이야기를 듣는 대상을 생각한다 (아동의 연령, 장소, 인원, 생활 환경..)
5) 자신이 구연하기에 알맞은 동화를 선택한다.(음색 등)

나. 구연의 효과적인 방법

1) 구연하기 전의 준비
   - 동화 내용을 완벽하게 익힌다.
   - 자신감을 가짐과 동시에 안정적인 마음과 몸가짐을 가진다.
   - 듣는 이의 연령 및 장소, 인원 등을 미리 알고 동화 선택한다.
   - 단정한 몸가짐과 특유의 제스처를 고친다.

다. 구연의 조건

1) 명쾌해야 한다.
2) 자연스러워야 한다.
3) 애정을 가지고 해야 한다.
4) 구연 작품에 동화(同化)되어야 한다.
5) 운율이 있어야 한다.

라. 구연 시 유의점

1) 도입 과정을 통해 동화의 흥미 유발을 돕는다.

2) 지나친 수식어, 접속어를 피한다.
3) 자기주장이나 주의 환기는 금물이다.
4) 듣는 이의 조건에 맞는 길이와 시간을 의식한다.
5) 동화의 마지막에 훈화 및 교훈을 주입 시키지 않아야 한다.

2. 동화구연의 기법

가. 호흡

호흡은 숨쉬기다. 호흡을 못 하는 사람은 없다.

그러나 좋은 목소리를 내기 위해서는 호흡, 발성, 발음이 중요한데 이 중 가장 중요한 것이 호흡이다.

호흡에는 복식호흡과 흉식호흡 두 가지가 있다. 우리가 여기서 말하는 호흡은 복식호흡이다.

복식호흡이 되지 않은 상태에서의 발성은 절대 좋은 소리를 낼 수 없다. "목소리가 좋다"는 것은 "목소리가 예쁘다"와는 다른 의미다. 좋은 목소리는 안정감이 있고 힘이 있는 목소리다. 그리고 이야기를 할 때 듣는 사람들을 집중할 수 있도록 만들어 준다. 그러면 복식호흡이란 무엇일까? 복식호흡은 가슴으로 쉬는 얕은 호흡이 아니라 숨을 깊게 들이마셔 아랫배 쪽으로 보내고 뱉는 호흡이다. 다시 말해서 숨을 코로 깊게 들이마시면 아랫배가 불룩 나오고 입으로 내쉴 때는 배가 들어가는 호흡법이다.

복식호흡에서 가장 중요한 것은 공기를 들이마실 때 아랫배가 나오고 내쉴 때는 튜브에서 공기가 빠지듯이 배가 홀쭉하게 들어간다. 절대로 가슴이 움직이거나 어깨가 올라가지 않는다.

1) 호흡 연습

바른 자세로 "내 몸이 풍선이다"라고 상상하고 호흡을 한다. 공기를 코로 들이마시면 풍선이 부풀어 오르듯이 배가 부풀어 오르고 공기가 빠지면 쪼그라들 듯이 배도 홀쭉하게 쪼그라든다.

(1) 바른 자세
① 벽에 발뒤꿈치, 종아리, 엉덩이, 어깻죽지, 머리 중앙 부분이 닿도록 선다.
② 다리는 어깨너비만큼 벌리고 발 모양은 11자로 한다.
③ 무릎엔 힘을 빼고 엄지발가락과 발바닥 안쪽에 힘을 준다. 턱은 몸쪽으로 살짝 당긴다.
④ 어깨는 힘을 빼고 절대 올라가지 않는다.
⑤ 팔을 자연스럽게 내린 상태로 벽에서 한 발 떨어져 앞으로 나온다.

(2) 1단계
① 바로 누운 자세에서 배 위에 손을 얹고 코로 5초 동안 숨을 들이마시면서 배가 앞으로 나오는지 확인한다.
② 입으로 "후" 하면서 5초 동안 숨을 내쉬면서 배가 안으로 들어가는지 확인한다.
③ 누운 자세에서 3번 반복한다.
④ 앉은 자세, 선 자세에서 같은 방법으로 3번씩 연습한다.

(3) 2단계
① 허리를 곧게 세우고 어깨에 힘을 빼고 턱을 앞으로 살짝 당긴 상태에서 숨을 10초 동안 천천히 들이마신다. 이때 공기를 아랫배

쪽으로 당겨주면 배가 앞으로 나온다.

어깨는 움직이지 않는다.

② 3초 동안 잠깐 숨을 참는다.

③ 10초 동안 숨을 나누어서 천천히 "하" 하면서 뱉는다. 이때 배는 안으로 들어간다.

④ 5번 반복한다.

(4) 3단계

① 바른 자세를 하고 두 손을 갈비뼈 아래쪽에 올리고 숨을 깊게 들이마시면서 갈비뼈가 열리는지 확인한다. 어깨는 움직이지 않는다.

② 3초 동안 숨을 참는다.

③ 숨을 치아와 치아 사이로 "스"하면서 10초 동안 내쉬고 갈비뼈가 닫히는지 확인한다.

④ 5번 반복 연습한다.

(5) 4단계

① 짧게 들이마시고 짧게 내쉬기

-1초 마시고 3초 참고 1초 뱉기(이때도 배의 움직임 관찰)

-1초 마시고 3초 참고 3초 뱉기

-반복 연습한다.

② 길게 들이마시고 짧게 내쉬기

-5초 마시고 3초 참고 1초 뱉기

-10초 마시고 3초 참고 1초 뱉기

-반복 연습한다.

③ 짧게 들이마시고 길게 내쉬기

-1초 마시고 3초 참고 5초 뱉기
   -1초 마시고 3초 참고 10초 뱉기
   -반복 연습한다.
  ④ 들이마시는 호흡 2배로 내쉬기
   -4초 들이마시고 3초 참고 8초 내뱉기
   -8초 들이마시고 3초 참고 16초 내뱉기
   -반복 연습한다.

(6) 5단계
 ① 의자에 바르게 앉아서 호흡 연습하기
  - 한 손은 가슴에 한 손은 배에 올리고 10초간 숨을 들이마십니다.
  - 3초 멈춘다.
  - 10초간 내쉰다. 이때 가슴의 위의 손과 어깨는 움직이지 않고 배 위의 손만 움직임이 느껴져야 한다.
  - 반복 연습한다.
 ② 바르게 앉아서 들이마시고 허리를 굽히면서 내쉬는 호흡 연습하기
  - 손을 아랫배에 대고 10초 동안 천천히 공기를 들이마신다.
  - 3초 동안 숨을 멈춘다.
  - 허리를 10초 동안 아래로 천천히 숙이면서 숨을 뱉는다.
  - 허리를 펴면서 숨을 들이마시고 숙이면서 숨을 뱉는다. (들이마실 때 배가 나오고 뱉을 때 배가 홀쭉하게 들어가는지 손으로 확인한다.)
  - 반복 연습한다.

(7) 6단계
 ① 마리오네트인형이 되어 호흡 연습하기
  - 자신이 줄 인형이 되었다고 생각하고 온몸에서 힘을 뺀다.

- 힘을 빼고 바르게 서서 머리에 추가 달린 것처럼 몸을 아래로 구부린다.
- 두 팔도 자연스럽게 아래로 떨어뜨린다.
- 양쪽 무릎도 살짝 구부리고 온몸을 좌우로 흔들면서 몸을 털어준다.
- 온몸에 힘을 뺀 후 자연스럽게 복식호흡을 한다.
- 숨을 들이마시고 '하아~ 하아~' 소리를 내며 숨을 밖으로 전부 내뱉는다.

② 바르게 선 자세에서 롤업 롤다운 호흡하기
- 온몸에 힘을 빼고 두 발은 11자 모양으로 선다.
- 숨을 들이마시고 천천히 뱉으면서 머리부터 목, 척추 하나하나 분절해서 둥글게 허리를 말면서 굽힌다.
- 숨을 들이마시면서 천천히 허리, 척추, 목, 머리 순서대로 올라온다.
- 반복 연습한다.

(8) 7단계

① 손 촛불 끄기
- 검지를 촛불이라고 상상하고 얼굴에서 20cm 떼어서 든다.
- 꺼지지 않는 손가락 촛불을 배의 탄력을 이용해서 빠르게 "후! 후! 후!"하면서 끈다.
- 반복해서 연습한다.

② 풍선 멀리 보내기
- 풍선을 불어서 한 손으로 입에서 10cm 정도 띄어서 잡는다.
- 배의 탄력을 이용해서 빠르게 "후! 후! 후!" 하고 불어서 풍선을 멀리 보낸다.

나. 발성

우리가 일반적으로 말하는데 있어서도 발성은 중요하다. 발성이 잘 되어 있어 목소리에 안정감이 있고 좋은 목소리를 낼 수 있으면 이야기하는 사람은 전달하고자 하는 내용을 정확히 전달할 수 있다. 그러므로 발성의 목적은 전달하고자 하는 내용을 정확하게 전달하는 것이다. 특히 동화구연에서 이야기를 맛있게 전달하는 것도 좋은 발성에서 나온다. 이야기가 음식도 아닌데 맛있다는 건 무슨 뜻일까? 의아해 할 수도 있지만 이야기가 맛있다는 것은 이야기에 감동이 있다는 뜻이다. 좋은 동화를 선정해 놓고도 이야기의 감동을 전달하지 못하는 것은 소리를 전달하는 방법을 모르기 때문이다. 물론 "편안하게 읽어 주면 되지 않는가?" 하고 생각할 수도 있지만, 발성의 기법을 알고 이야기를 들려주면 편안하게 읽어 주기보다도 몇 배의 감동을 전달할 수 있다. 따라서 구연자는 발성 훈련이 좋은 동화를 선정하는 작업 못지않게 중요하다는 것을 인식해야 한다.

발성에서 가장 중요한 것은 들이마신 호흡을 내뱉을 때 어떻게 조정해서 말하느냐는 것이다. 좋은 발성을 위해서는 목에 힘을 주지 말고 복식호흡 할 때 내 쉬는 호흡에 소리를 실어서 내보낸다는 생각으로 소리를 멀리 보내는 연습을 해야 한다. 이때 절대로 목과 턱, 입에 힘이 들어 가서는 안 된다. 목과 턱, 입은 소리가 나오는 통로의 역할만 하면 된다.

소리를 낼 때 목에 집중하는 것이 아니라 배에 집중을 해야 한다. 복식호흡을 할 때 들이 마시는 숨에 배가 불러지고 내쉬는 숨에 배가 홀쭉하게 들어가는 것을 의식하면서 발성연습을 한다. 내쉬는 호흡에 소리가 나기 때문에 배는 소리를 낼 때 홀쭉하게 들어가야 정상이다. 그러면 배에 힘이 들어가고 소리는 배의 힘으로 나게 된다.

발성에서 또 중요한 것은 공명이다. 좋은 목소리는 '소리 반 공기 반이다'라는 말이 있듯이 '발성의 목표가 공명이다'라고 해도 과언은 아니다.

1) 발성연습

발성연습을 하기 전 먼저 몸을 스트레칭으로 긴장을 풀어 준다. 그리고 음을 만드는 조음기관(혀, 입술, 턱, 얼굴) 근육을 풀어 준다.

(1) 조음기관 근육풀기
① 손바닥의 아랫부분을 이용해 볼 전체를 둥글게 원을 그리듯이 마사지한다.
② 두 뺨을 풍선처럼 빵빵하게 부풀린 후 5초간 멈추었다가 상하좌우로 돌린다.
③ 입술에 힘을 빼고 공기를 내보내면서 '부르르르'하며 아기들이 투레질하듯이 한다.
④ "똑딱똑딱" 소리를 "오"와 아"의 입모양을 크게 하면서 발음한다.
⑤ 입술을 오므리고 앞으로 내민 상태에서 시계방향으로 돌린 후 반시계 방향으로 돌린다.
⑥ 혀를 앞으로 내밀었다가 당겼다가 한 후 입을 다물고 이 바깥쪽과 안쪽을 혀끝에 힘을 주고 훑어준다.

(2) 목의 아치를 열고 하품하듯이 발성
① 두 발은 11자로 어깨너비로 벌리고 바른 자세로 선다.
② 양손은 배의 움직임을 느낄 수 있도록 배에 살짝 얹어 놓는다.
③ 입안에 왕사탕을 물었다고 상상하면서 하품하듯이 입을 동그랗게 벌린다.
④ 숨을 들이 마신 후 하품하듯이 "하~" 소리를 내면서 발성 연습한다.
⑤ 숨을 천천히 들이마시고 4초간 "하~아"하고 소리를 낸다.
⑥ 숨을 천천히 들이마시고 8초간 "하~아"하고 소리를 낸다.
⑦ 소리 내는 시간을 점점 길게 하여 20초 정도까지 가능한지 연습한다.

(3) 허리를 숙이고 발성연습
① 자신이 마리오네트인형이라고 상상을 하고 머리에 추가 달린 것처럼 허리를 숙인다.
② 온몸에 힘을 빼고 무릎은 살짝 굽힌다.
③ 숨을 들이마신 후 뱉을 때 "하~아" 하고 소리를 낸다.
④ 소리가 날 때 배가 들어가는지 확인한다.
⑤ 허리를 숙인 상태에서 5초, 10초, 15초간 소리 내는 연습한다.
⑥ 숨을 들이마신 후 천천히 허리부터 올라오면서 "하~아~"하고 소리를 낸다.

(4) 한 음절씩 발성하기
① 숨을 짧게 들이마시고 짧게 뱉으면서 "핫, 핫, 핫, 핫" 이렇게 한 음절씩 소리를 낸다.
② "팍, 팍, 팍, 팍", "퀘, 퀘, 퀘, 퀘", "쾰, 쾰, 쾰, 쾰" 등 다양한 소리로 발성 연습한다.
③ 이때 왼쪽 아랫배에 왼손 엄지손가락을 붙이고 나머지 네 손가락은 뗀 상태에서 한 음절 발성을 하면서 손이 움직이는지 확인해요. 소리가 날 때 배가 안으로 들어간다.
④ 반복 연습한다.

(5) 문장으로 발성하기
① 한 음절에 한 호흡으로 발성 연습한다.
   (예: 개. 구. 리. 네. 한. 솥. 밥)
② 한 단어에 한 호흡으로 발성 연습한다.
   (예: 개구리네. 한. 솥밥)
③ 문장 전체를 한 호흡으로 발성 연습한다.
   (예: 개구리네 한 솥밥)

(6) 한 쪽 다리 들고 문장 읽기
   ① 한 쪽 다리를 들고 균형을 잡은 후에 3분 정도 책을 읽는다.
   ② 3분이 지나면 다리를 바꾸어서 책을 읽는다.
   ③ 소리를 멀리 보낸다고 생각하고 큰 소리로 책을 읽는다.
   ④ 몸의 균형이 잘 잡히면 시간을 길게 연습한다.

2) 단계별 발성 법

(1) 3단계 발성법
   ① 바로 옆에 있는 아이를 부르듯이 소리를 낸다.
      (지수야, 이리 와)
   ② 방문이 열려 있고 아이가 거실에 있을 때 방에서 엄마가 부르듯이 소리를 낸다. (지수야, 이리 와)
   ③ 방문이 닫혀있고 아이가 거실에 있을 때 방에서 엄마가 아이를 부르듯이 소리를 낸다. (지수야, 이리 와)

(2) 5단계 발성법
   ㉮ 쉿! 아기가 자고 있어. (아이가 자고 있을 때 다른 아이에게 속삭이듯 말한다.)
   ㉯ 지수야, 놀이터 갈래? (잠에서 깬 아이 놀이터 가자고 묻는다.)
   ㉰ 와! 그네 재미있겠다. (놀이터에 나와서 그네를 보면서 아이에게 말한다.)
   ㉱ 지수야, 친구랑 그네 같이 타야지. (그네 타고 있는 아이에게 말한다.)
   ㉲ 지수야! 위험해 (그네가 너무 높이 올라가자 엄마가 다급하게 소리친다.)

(3) 마스크 공명 발성
① 입에 왕사탕을 물었다고 상상을 하면서 입을 다물고 입안을 동그랗게 만들어 준다.
② "음~~"소리를 내면서 머리, 코, 성대가 울리는지 확인한다.
③ 쉬운 동요를 "음~" 허밍으로 부른다.(예: 산토끼)
④ 동요 가사를 "마"로 바꾸어서 노래 부른다.
⑤ 반복 연습한다.

다. 발음

우리는 일상생활에서도 정확한 발음이 중요합니다. 그런데 동화구연을 하거나 아이들에게 책을 읽어 줄 때는 특히 정확한 발음이 필요하다.

아이들에게 이야기를 해주는 사람이 발음이 부정확하면 듣는 아이들은 이야기의 내용을 잘 이해 할 수 없고 특히 말을 배우기 시작하는 아이들이라면 모방할 수 있기 때문에 더 중요하다. 옛날 서당에서 훈장님이 "바람 풍"을 "ㄹ"발음이 안 되어 "바담풍" 발음을 하자 아이들이 그대로 따라 했다는 우스갯소리도 발음의 중요성을 일깨워주는 이야기인 듯하다. 그러면 정확한 발음을 위해서는 어떻게 해야 할까? 우선 모음 발음은 입모양을 정확히 해줘야한다. 입모양이 정확하지 않으면 정확한 발음이 나오지 않는다. 처음엔 쉽지 않지만 의식적으로 모음 발음을 할 때 입모양을 정확하고 크게 만들면서 연습합니다. 입모양을 정확하게 하면서 천천히 또박또박 읽는 연습을 매일 하게 되면 어느 순간 정확한 발음과 말의 힘을 느낄 수 있을 것이다. 그러면 자음 발음은 어떻게 하면 될까? 자음은 받침으로 쓰이는 경우 많은 법칙들이 있다. 우리가 수험생이 아니기 때문에 어려운 발음 법칙을 외워서 할 필요는 없다. 발음이 어렵거나 잘 모를 경우는 인터넷을 활용하여 발음법을 익힐 수 있다. 특히 요즘 인터넷에 많은 정보가 있으므로 인터넷을 활용하는 것도 좋은 방법이다. 인터넷 포털 사이트에서 국립국어원 검색해서 홈페이지에 들어가면 표준발음법을 알려준다. 또 "표준발음 변환기"를 검색해서 발음이 모호한 경우 변환기에서 단어를 쓰고 확인을 누르면 표준발음법을 알려주는 도구가 실행된다.

예를 들어 "넓죽하다"의 발음을 알고 싶을 때 표준발음 변환기에 "넓죽하다"를 쓰고 확인을 하면 "넙쭈카다"로 표기된 변환결과를 볼 수 있고 변환의 근거가 되는 설명도 함께 볼 수 있다.

1) 발음 연습하기

(1) 모음발음

아 : 아이, 아들, 아가씨, 아주머니, 아버지
에 : 에누리, 베게, 누에, 제발
이 : 이모, 이불, 이름, 이마
오 : 오늘, 오빠, 오선지, 오징어
우 : 우유, 우체국, 우산, 우박

(2) 이중모음 발음하기

- "ㅕ" 발음은 "ㅣ+ㅓ"를 빠르게 소리를 내요.
  여자, 여수, 여기, 여름
- "ㅠ" 발음은 "ㅣ+ㅜ"를 빠르게 소리를 내요.
  유리, 유아, 뉴스, 유자
- "ㅛ"발음은 "ㅣ+ㅗ"를 빠르게 소리를 낸다.
  요리, 요정, 요구,
- "ㅑ"발음은 "ㅣ+ㅏ"를 빠르게 소리를 낸다.
  야구, 야식, 야자수

2) 자음발음 연습

자음발음은 국립국어원의 표준발음법을 참고하여 발음 하면 된다

『발음연습』
-반절표

가 갸 거 겨 고 교 구 규 그 기 개 게 괴 귀
나 냐 너 녀 노 뇨 누 뉴 느 니 내 네 뇌 뉘
다 댜 더 뎌 도 됴 두 듀 드 디 대 데 되 뒤
라 랴 러 려 로 료 루 류 르 리 래 레 뢰 뤼
마 먀 머 며 모 묘 무 뮤 므 미 매 메 뫼 뮈
바 뱌 버 벼 보 뵤 부 뷰 브 비 배 베 뵈 뷔
사 샤 서 셔 소 쇼 수 슈 스 시 새 세 쇠 쉬
아 야 어 여 오 요 우 유 으 이 애 에 외 위
자 쟈 저 져 조 죠 주 쥬 즈 지 재 제 죄 쥐
차 챠 처 쳐 초 쵸 추 츄 츠 치 채 체 최 취
카 캬 커 켜 코 쿄 쿠 큐 크 키 캐 케 쾨 퀴
타 탸 터 텨 토 툐 투 튜 트 티 태 테 퇴 튀
파 퍄 퍼 펴 포 표 푸 퓨 프 피 패 페 푀 퓌
하 햐 허 혀 호 효 후 휴 흐 히 해 헤 회 휘

<연습 방법>
- 천천히 또박또박 정확하게 소리 내어 읽는다.
- 빠르게 소리 내어 읽는다.
- 크게 소리 내어 읽는다.
- 한 호흡에 최대한 길게 소리 내어 읽는다.

- 거꾸로 읽는다.
- 가로, 세로, 사선으로 소리 내어 읽는다.
- 한 호흡에 한 음절씩 읽는다. (스타카토 발음 연습)

<어려운 말 연습>
- 우리 집에 안 깐 깡통이 두 개 있고 깐 깡통이 한 개 있습니다. 깡통은 깐 깡통과 안 깐 깡통 모두 세 개 입니다.
- 뭉게구름 속에 숨은 햇살은 여름철 햇살이고, 새털구름 속에 숨은 햇살은 겨울철 햇살입니다.
- 백합 백화점 옆에 백화 백화점이 있고, 백화 백화점 옆에 백합 백화점이 있다.
- 그 집 콩밭은 검정 콩밭이고 내 집 콩 밭은 강낭콩 밭이며 검정 콩밭 옆에 강낭콩 밭이 있고 강낭콩 밭 옆에 검정 콩밭이 있다.

라. 화술

화술은 말하는 기술이다. 사람들은 세상에 태어나서 죽는 날까지 계속 말을 하면서 살아간다.

특히 요즈음 현대를 살아가면서 개인과 개인의 대화도 중요하지만 그에 못지않게 대중을 상대로 하는 발표나 강의 등이 많아지면서 화술에 대한 중요성이 더 부각 되고 있다.

말을 하는 것은 누구나 할 수 있지만 말을 잘하는 것은 쉽지만은 않다. 그래서 말을 잘하기 위해 학원을 다니기도 한다. 심지어는 어린아이들도 말하는 방법을 배우기 위해 스피치 학원을 다니는 경우가 있다. 그만큼 어릴 때부터 말하는 기술에 대한 관심이 높기 때문이다. 그러나 학원에 아이들을 보내기 전에 먼저 화술을 익힌 부모가 아이들에게 책을 읽어

주거나 동화를 들려준다면 학원에서 말하기 방법을 가르치는 것보다 더 많은 효과를 가져온다. 화술은 동화구연의 생명으로 이야기를 전달하는 직접적인 기술이기 때문이다. 음성이 예뻐야 동화구연을 잘하는 것이 아니다. 이야기에 감정을 얼마나 잘 이입시켰느냐에 따라 구연을 잘 한다고 말할 수 있다. 음성보다 중요한 것이 감정표현이다. 그러므로 자기 개성과 음성에 맞는 동화를 선택한 뒤 내용을 충분히 이해하고 내용에 적절한 감정을 넣어 이야기를 하면 누구나 구연을 할 수 있다.

그럼 그 표현을 어떻게 해야 할까?

먼저 말의 높낮이, 말의 길이, 말의 강약, 말의 속도 즉, 말의 고, 저, 장, 단, 강, 약, 완, 급을 잘 표현해야 한다. 그리고 띄어 말하기와 말의 원근감 표현, 감정에 따른 음색을 잘 표현 한다면 책을 읽어 주거나 동화를 들려줄 때 동화의 감동이나 책의 내용을 잘 전달하고 듣는 아이들도 따라서 화술을 자연스럽게 익히게 된다.

마. 말의 고저, 장단, 강약, 완급 표현

1) 높은 목소리로 말하기

높은 목소리를 내야 할 때가 언제인지 생각해 보라. 목소리를 높여야 할 때는 긴박한 상황이거나 멀리 있는 사람을 부를 때일 것이다.

① 불이야, 불! 불이 났어요, 빨리 피하세요!
② 도와주세요. 도와주세요. 여기예요. 여기 구덩이 속에 있어요.

2) 낮은 목소리로 말하기 (속삭임, 조심)

낮은 목소리는 속삭일 때, 조심스럽게 말을 해야 할 때는 낮은 목소리를 낸다.

① 이 이야기는 비밀이야! 절대로 말하면 안 돼!
② 아기가 자고 있어. 조용히 하자.

3) 강한 목소리로 말하기

강한 목소리는 본인의 강한 의지를 나타낼 때, 그리고 명령조로 말할 때는 강한 톤으로 말을 하게 된다.
① 난, 반드시 훌륭한 사람이 될 거예요.
② 네 이놈, 너는 너의 죄를 알렸다.

4) 약한 목소리로 말하기 (슬픔, 좌절)

약한 목소리는 슬프거나, 좌절, 힘이 없을 때 약한 소리를 낸다.
① 오늘은 생선을 하나도 못 팔았네.
② 엄마, 열이 많이 나고 아파서 기운이 없어.

5) 빠르게 말하기 (다급한 상황)

빠르게 말을 해야 할 때는 일이 급하게 진행될 때와 긴박한 상황일 때입니다. 이러한 상황일 때는 말의 속도를 빠르게 해서 다급한 상황임을 알려준다.
① 부엉이 집에 불이 났어요, 다람쥐는 쪼르르 나무를 타고 내려와 소리 쳤어요.
"불이야, 도와주세요."
② 토끼는 악어 등을 밟으며 건너갔어요.
"하나, 둘, 셋 넷 다섯" (셋 넷 다섯을 빨리 읽는다.)

6) 천천히 말하기

말의 속도를 천천히 할 때는 과거를 회상하는 이야기나 나열하면서 상황을 그림으로 그릴 수 있도록 할 때이다.
　① 옛날, 옛날 아주 먼 옛날에 이야기를 좋아하는 아주머니가 살았어요.
　② 가을이에요. 산에는 울긋불긋 단풍이 들고 들에는 곡식들이 노랗게 익어가고 있어요.

바. 띄어 읽기의 중요성

띄어 읽기를 잘해야 이야기의 의미가 잘 전달된다. 아무리 좋은 목소리와 발성으로 이야기를 하더라도 띄어 읽기가 안 되면 이야기의 내용이 제대로 전달되지 않는다.
그러면 어떻게 띄어야 할까?

1) 주어와 술어는 띄어 읽는다. (주어를 수식하는 것은 한숨에 읽는다.)
　① 옛날에 돈은 많지만 어리석은 김부자가 / 살았어요.
　② 좋은 생각을 한 까마귀는 / 돌을 물어와 물병 속에 넣기 시작했어요.

2) 의미의 명료성을 위해서 띄어 읽는다. (띄어 읽기를 잘 하지 못하면 의미가 달라질 수도 있다.)
　① 나는 / 윤서와 지유를 배웅했다. // 나는 윤서와 / 지유를 배웅했다.
　② 아줌마 / 파마 돼요? // 아줌마 파마 / 돼요?

3) 부사 다음 띄어 읽는다.

① 시간을 나타내는 부사 일찍, 그때, 다음, 오늘 등 시간을 나타내는 부사 다음엔 띄어 읽어요.

  -다음 날 / 토끼와 거북이는 / 산 중턱에서 만났어요.

② 말하는 사람의 심리적 태도를 나타내 보이는 화식부사 뒤에 띄어 읽어요.(과연, 진실로, 물론, 꼭, 정말 등)

  - 과연 / 좋은 생각이구나.

  - 물론 / 네 생각은 좋은 생각이야.

③ 의문을 나타내는 부사 뒤에 띄어 읽는다.

  왜? 설마, 아마, 만약, 글쎄 등 의문과 가설을 나타내는 부사 뒤에 띄어 읽는다.

  - 설마 / 아린이가 나를 두고 갔을까?

④ 장소 뒤에 띄어 읽기 읽는다.

  - 산이가 유치원에 / 도착했어요.

⑤ 문장 부호가 있을 때 띄어 읽는다.

  - 지수야, / 학교 잘 다녀 와.

  - 그래? / 이 대본 네가 다 쓴 거야?

⑥ 나열식 문장에는 띄어 읽는다.

  - 윤서는 글쓰기를 잘하고 / 영주는 그리기를 잘하고 / 도윤이는 노래를 잘 불러요.

띄어 읽기의 중요성을 말하면서 띄어 읽기의 법칙을 말했지만 이대로 다 띄어 읽다 보면 이야기가 뚝뚝 끊어질 수도 있다. 그러므로 주의할 사항은 법칙은 법칙대로 익히고 나서 문장의 의미와 내용에 따라서 띄어 읽기를 하면 된다.

이야기는 자연스럽게 흐르듯이 전개되어야 감정이 더 잘 전달되지요. 띄어 읽기 법칙대로 말하는 것이 중요한 게 아니라 이야기의 흐름을 잘 전달하여 감동을 줘야 한다.

사. 강조 하여 찍어 읽기

말을 강조하여 찍어 읽기란 이야기의 내용이나 감정의 전달을 정확하게 하기 위한 방법이다. 찍어 읽기를 하기 위해서는 감정이 호흡을 통해서 전달되어야 한다. 찍어 읽는 단어 앞에서 짧게 호흡을 멈췄다가 남은 호흡으로 말을 이어가면 된다.

아. 말의 속도

적당한 속도로 이야기하면 이야기를 편안히 즐기며 들을 수 있는데 급하게 하면 이야기 쫓아가기가 바쁘고 불안해진다. 어린이들이 이야기를 들으면서 즐길 수 있는 여유를 주어야 한다. 보통 한 문장이 끝나면 가볍게 2박자 정도 쉬는 것이 좋으나 흐름상 급한 경우에는 곧바로 이어서 하기도 한다.

자. 리듬감 살리기

① 낱말의 반복, 사건의 반복은 리듬감을 살려준다.
② 의성어, 의태어 등의 표현은 리듬감을 살려준다.
  - 깊은 바다 속에 반짝반짝 빛나는 물고기 한 마리가 있었어요.
  - 꽃게는 몸을 돌렸지만 옆으로 옆으로 가다가 바위에 쿵 부딪혔어요.
  - 바닷가 바위위에 앉은 소녀는 살랑 살랑 불어오는 바람을 느끼며 기분이 좋아졌어요.

2장 뇌과학과 동화구연

1. 책 읽어주기와 뇌과학

가. 책 읽어주기의 개념과 뇌과학

책 읽어주기는 부모나 교사가 아동에게 글자와 그림을 보여 주면서 시범적으로 읽어 준 다음 부모 또는 교사와 아동이 함께 읽기를 하고 점차 아동 스스로 독립적인 책 읽기를 하도록 계획된 활동이다(조정연, 2008). 이러한 책 읽어주기는 부모 또는 교사가 이야기 내용에 맞게 몸짓, 목소리, 표정 등을 실감나게 바꾸면서 흥미 있게 큰 소리로 읽어줌으로써 동화구연으로 발전시킬 수 있다.

이러한 이야기 내용에 맞는 적절한 몸짓과 목소리 표정 등으로 책 내용에 몰입하고 거기서 흥미를 느끼도록 하면 긍정적인 정서요소들이 편도체에 저장되어 해마에 영향을 줌으로써 기억과 인출 등의 효과를 극대화시킬 수 있다. 교사의 경험을 바탕으로 아동이 이야기를 이해하고 기억하기 쉽게 읽어주면 정보가 효과적으로 아동의 대뇌피질에 전달됨으로써 보다 빠른 이해를 할 수 있게 된다. 또한, 성공 경험은 엔돌핀 분비를 촉진하여 뇌세포 작용을 활성화시켜 시냅스 사이의 신경전달이 원활히 이루어지게 한다.

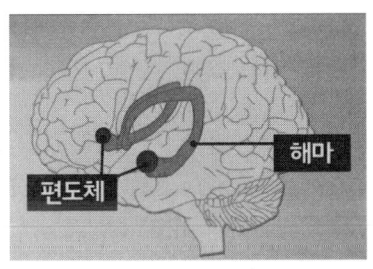

[그림 Ⅲ-1] 편도체와 해마의 관계

일반적으로 동화구연을 하는 동안 보여주는 부모나 교사의 몸짓, 목소리, 표정 등 비언어적 표현을 보고 아동은 공감할 수 있는 능력을 기를 수 있다. 이러한 공감 능력은 어릴 때부터 길러주어야 성인이 되어서도 사회생활을 잘 할 수 있다. 공감 능력을 뇌과학적으로 설명하면 인간 뇌에서는 '거울뉴런'(mirror neurons)이라는 신경세포가 있어 타인의 상황이나 정서에 대한 인식을 토대로 하여 타인의 정서나 상황을 함께 느끼고 경험하여 공감대를 형성한다.

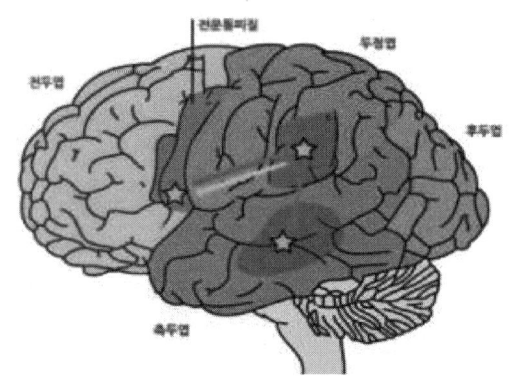

[그림 Ⅲ-2] 거울뉴런의 위치

　특히, 거울 뉴런을 통해 타인의 행동을 관찰하는 것만으로도 그의 행동을 온몸으로 이해할 수 있는 인지적 공감능력과 감정에 이입하고 반응하는 정서적 공감능력이 일어나며 그 행위를 나의 운동계획과 비교해 실행으로 바꾸는 과정을 용이하게 함으로써 타인의 행동에 모방을 가능하게 한다. 거울뉴런은 [그림 Ⅲ-2]과 같이 전두엽의 전운동피질 아래, 두정엽의 아래, 측두엽과 뇌섬엽의 앞쪽에 위치하고 있다.
　결론적으로 말하자면 동화구연을 하는 부모나 교사의 몸짓, 목소리, 표정 등 비언어적인 표현을 반복해서 관찰하고 보면서 아동은 공감 능력을 향상시킬 수 있다. 또한, 동화를 구연하는 부모나 교사의 몸짓, 목소리, 표정 등 비언어적인 표현을 반복해서 따라하고 모방 및 연습하면서 타인과 소통하는 능력도 향상할 수 있다.

이러한 동화구연 활동을 통해 아동은 언어의 리듬, 억양, 끊어 읽기, 문자의 소리, 그리고 의미를 동시에 깨닫게 된다. 또한 읽어주는 책의 내용과 아동의 경험을 연결시켜 이해를 쉽게 할 수 있도록 도와주는 한편, 토론을 통해 정보를 교환하는 언어적 상호작용도 이루어진다.

동화구연 활동이 끝난 후에는 평가적 질문을 통해 사회문화적으로 용인되는 행동, 가치, 사고방식 등을 배울 수 있는 기회도 제공한다(송서영, 2004). 따라서, 부모나 교사가 매일 일정한 시간에 아동에게 소리 내어 책을 읽어주게 되면 아동의 말하기 능력이 매우 효과적으로 향상될 수 있으며 아동의 듣기 능력의 향상이나 단어의 축척, 이해력 증진에도 도움이 된다(Routman, 1999).

말하기 능력과 관련된 뇌과학을 살펴보면 브로카 영역은 언어의 표현과 관련을 맺고 있는 부위로, 말을 만들어내기 위해 입술과 입 안의 여러 근육을 조정하는 센터이다(박만상, 1996). 이 부분에 손상을 입은 환자는 조음과 관련된 근육 운동이 부자유스러워 말이 매우 느리고 발음이 명확하지 못하다. 따라서 브로카 영역에 손상을 입게 되면 언어를 이해하는 능력은 유지하지만, 자신의 의사를 표현하는 말은 할 수 없는 상태가 된다. 따라서 브로카 영역의 손상 환자는 명령된 짧은 글을 말하는 것조차 곤란한 운동성 실어증(motor aphasia)상태를 나타내고, 본인은 말은 하려고 하지만 '우-우, 워-워' 등의 의미 없는 소리를 내게 된다(조정연, 2008).

또한, 듣기 능력과 관련된 뇌과학을 살펴보면 베르니케 영역은 언어이해와 관련이 있는 부위로, 남이 하는 말의 뜻을 알아차리고 이에 대해서 어떤 적절한 답을 해야 할지를 생각하게 하는 조정센터이다(박만상, 1996). 베르니케 영역에 손상을 입게 되면 빨리 말을 할 수 있고 발음도 정확하며 단어의 순서나 구절도 적절하게 말할 수 있다.

그러나, 이러한 환자는 언어를 이해하고 수용하는데 장애를 입어 언어와 비언어가 의미의 차이가 없는 단순한 소리로만 인식되기 때문에 이런 환자들에게는 아무런 의미나 정보를 담지 않은 말을 하는 감각성 실어증(sensory aphasia)현상이 나타난다(구지연, 2004). 베르니케 실어증 환자는 글씨를 알아보는 데는 별 문제가 없지만 글을 제대로 해독하는 능력이 없어 그 의미를 전혀 알아내지 못한다(조정연, 2008).

나. 도서 선정 방법과 뇌과학

책 읽어주기는 아동들의 흥미를 끌 수 있는 것인지, 문학성과 예술적 가치를 지닌 것인지, 아동들이 이해할 수 있는 적당한 난이도인지, 삽화가 아동들이 보기에 충분히 큰지, 아동들을 위해 적절한 행동과 태도가 묘사되어 있는지 등을 잘 확인하여 읽어 줄 책을 선택하는 것으로부터 시작된다.

특히, 책 읽어주기를 할 경우 도서를 선정할 때에는 <표 Ⅲ-2>와 같이 두뇌 발달 특성을 고려하면 효과적이다. 일반적으로 대뇌는 4개의 엽으로 구성되어 <표 Ⅲ-1>과 같이 다른 기능을 담당한다.

<표 III-1> 대뇌의 구조(4개 엽)

구분	위치	기억	기능	특징
전두엽	뇌 앞	작업 기억	기억, 계획, 문제해결	· 실행적 이성(통제)센터 · 양쪽 대뇌반구의 약 50% · 계획 및 사고, 고차적 사고, 문제해결, 주의집중, 창의성 · 변연계와 관련 · 동작피질 : 동작 조절 · 전전두엽 : 인성, 호기심, 의사결정, 반성, 정서 조절
측두엽	귀 위	장기 기억	언어, 청각, 기억	· 언어센터(좌반구) · 음악, 얼굴 및 사물 인지 · 듣기, 기억, 의미, 언어 담당
후두엽	뇌 뒤		시각정보 수용/처리	· 시각처리
두정엽	머리끝		공간, 공감각, 단기기억	· 공간 지각, 계산, 인지 담당, 고차적인 감각처리, 언어처리

따라서, 두뇌 발달 과정에 따른 연령별 도서 선정 방법을 정리하면 다음과 같다. 먼저 만 0세-3세까지는 두뇌의 전반적인 영역이 발달하기 때문에, 오감을 자극해서 정서를 발달시킬 수 있는 도서를 선정하면 효과적이고, 만 3세-6세까지는 전두엽이 발달하기 때문에, 문제를

해결하기 위해 필요한 계획, 실행, 점검, 성찰 등 사고력과 인성을 발달이 가능한 도서를 선정할 필요가 있다. 만 6-12세는 측두엽과 두정엽이 발달하기 때문에, 듣기, 말하기 등 소통할 수 있는 언어 기능은 물론, 공간적 및 수학적 능력을 향상할 수 있는 도서를 선정하면 효과적이고, 만 12세 이후에는 후두엽이 발달할 수 있기 때문에, 시각 능력을 향상할 수 있는 도서를 선정할 필요가 있다.

<표 III-2> 두뇌 발달 단계에 따른 도서 선정 방법

연령	두뇌 발달 특성	동화구연 도서 선정
만 0세-3세	전반적인 두뇌 발달	오감자극, 정서 발달
3세-6세	전두엽	사고력, 인성 발달
만 6-12세	측두엽, 두정엽	언어 능력, 공간 및 수학 능력
12세 이후	후두엽	시각 능력

2. 동화구연과 뇌과학

가. 동화구연 환경과 뇌과학

그림책을 읽어주기 위해서는 먼저 그림책을 읽어줄 때 아동이 그림책 내용을 인지할 수 있는 분위기, 환경을 만들어 줄 필요가 있다. 이러한 환경은 두뇌의 특성 및 발달 단계를 고려한 두뇌친화적인 환경이라 할 수 있다.

두뇌친화적인 환경은 물리적인 환경과 심리적인 환경으로 구분할 수 있다. 우선 물리적인 환경으로서, 활발하고 행복한 두뇌활동이 이루어지기 위해서는 맑은 공기, 적절한 온도, 소음 문제 해소, 규칙적인 물 흡수 등

풍요로운 두뇌 자극 환경이 필요하다(조주연, 1996; 허유정, 2010). 따라서, 그림책을 읽어줄 때에는 먼저 주변 환경이 두뇌를 자극하는 환경인지, 아니면 두뇌를 방해하는 환경인지 먼저 점검할 필요가 있다.

도서를 선정한 다음 필요한 것은 책 읽어주는 것을 잘 듣고 읽을 수 있는 학습 환경을 마련하는 것이다. 먼저 물리적 환경은 책을 읽기에 좋아하는 뇌친화적 환경을 만들면 효과적이다. 두뇌가 좋아하는 색, 음악, 환경을 만들어 줄 필요가 있다.

예를 들면, 노란색은 아동의 두뇌 기능 향상에 도움이 되기 때문에, 노란색의 공간에서 책을 읽어 주면 책 내용의 이해력이나 사고력을 향상할 수 있다. 또한, 아동이 산만하다면 나무색이나 갈색의 공간에서 책을 읽어주면 차분해지고 조용해져서 집중력을 향상할 수 있다. 이 외에도 모서리가 둥근 공간의 경우는 긴장감이 줄어들고, 따뜻한 색깔을 인테리어를 사용할 경우 세로토닌 신경전달물질이 증가하며, 나무, 물 등 자연물과 함께 있을 경우 마음이 편안하고 행복감을 느낄 수 있기 때문에, 책을 읽어 줄 때 뇌친화적 물리적인 환경을 만들어 줄 필요가 있다.

특히, 책 읽어주는 내용에 따라서 물리적 환경도 인위적으로 바꾸어 줄 수 있다. 예를 들면 서정적이고 차분한 분위기의 책을 읽어줄 때에는 클래식 음악이나 조용한 음악을 들려주거나, 활달하고 활동적인 분위기의 책을 읽어줄 때 빠른 템포의 음악이나 행진곡 음악을 들려주면 아동이 책 내용을 이해하는 능력과 몰입하는 능력을 향상할 수 있다.

물리적 환경 중에서 종이로 된 그림책 읽어주기와 태블릿 PC를 활용한 그림책 읽어주기에 대한 이해력 효과를 비교한 결과, 종이로 된 그림책을 읽어줄 때 태블릿 PC를 활용해서 그림책을 읽어주는 것보다 아동의 그림책에 대한 이해력이 더 높게 나타난 반면에, 극도의 긴장상태는 오히려 낮게 나타났다. 따라서, 태블릿 PC를 활용한 그림책 읽어주기 보다는 종이책을 활용한 그림책 읽어주기가 더 효과적이라는 것을 알 수 있다.

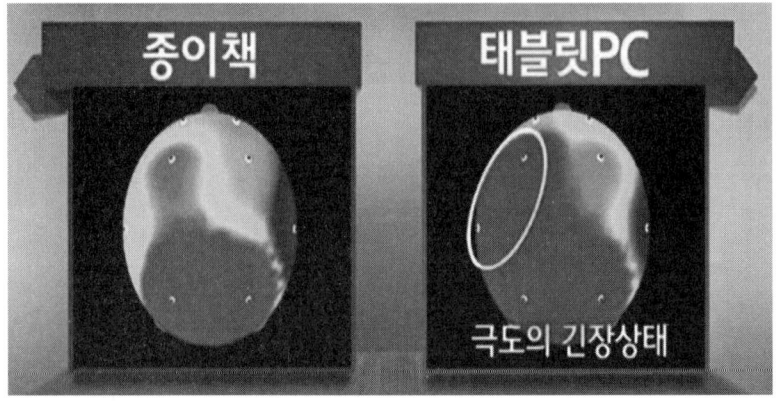

[그림 Ⅲ-3] 종이책을 통한 그림책과 태블릿 PC를 활용한 그림책 읽어주기의 비교

한편, 물리적인 환경 외에도 두뇌가 좋아하는 심리적인 환경 조성도 매우 중요하다. 아동이 불안하고 과도한 스트레스를 지속적으로 받게 되면 뇌의 우선순위는 생존이기 때문에, 고차원적인 사고력을 할 수 없을 뿐만 아니라, 자아존중감 저하, 무기력 등 부정적인 정서를 유발할 수밖에 없다(김유미, 2002; 이정모 외, 2003).

따라서, 아동의 긍정적인 정서를 유지시켜 줄 수 있도록 상호작용 할 수 있는 두뇌친화적인 환경을 만드는 것이 매우 중요하다. 이러한 상태에서 그림책을 읽을 때에는 감정의 뇌라고 불리는 변연계에서 나온 상상력을 발휘하여 도파민 신경망을 따라서, 기저핵, 전두엽, 대상회로 전달되며 정서적 자극의 일부는 세로토닌 신경망을 따라서 뇌전체로 전달된다(김소영, 2015).

특히, 책을 읽어주기 전에 편안하고 안정된 상태를 만들어 줄 필요가 있다. 예를 들면 에너지를 발산할 수 있는 스트레칭, 뇌체조, 게임, 놀이 등 다양한 신체활동을 통해서 뇌신경성장인자(BDNF) 외에도 도파민, β-엔돌핀, 세로토닌, 옥시토신 등의 신경전달물질이 분비됨으로써 행복감은 물론, 정신적 안정감을 느낄 수 있다. 이러한 상태에서 아동에게 책을 읽어주면 정서와 인지에 영향을 미침으로써 훨씬 더 효과적일 수 있다.

또한, 정서를 조절하고 마음은 편안한 상태로 만들어주는 방법 중에서 하나가 바로 호흡이다. 호흡에는 크게 가슴호흡(흉식호흡, 늑골호흡)과 복식호흡(횡경막 호흡)으로 구분한다. 가슴호흡은 가슴을 움직이는 호흡으로 흉곽의 일부가 확장하거나 축소하는 움직임에 의해 공기가 드나든다. 그러나, 복식호흡은 배 부분의 근육을 사용해 양쪽 폐 속으로 공기를 흡입했다가 내쉬는 호흡이다. 사자, 호랑이 등과 같은 맹수는 깊고 느린 복식호흡을 하지만, 맹수에 쫓기는 토끼, 사슴 등은 계속 불안하고 경계심이 높아 불규칙적이면서 얕고 빠른 가슴호흡을 한다.

<표 III-3> 호흡의 유형

가슴(흉식)호흡	복식(횡격막)호흡
• 늑간근(늑골) 수축흡	• 횡격막 수축
• 빠르고 얕은 호흡	• 깊고 율동적, 규칙적인 호흡
• 가슴이 움직이고 어깨에 긴장을 줌	• 가슴에 무리한 긴장 없음
• 교감신경계를 자극 스트레스 반응	• 부교감신경, 스트레스 해소
• 폐포 30% 활용	• 폐포 80% 활용
• 산소와 이산화탄소간의 기체 교환 미흡	• 혈액순환이 원활하여 내장 마사지효과
• 피로 유발	

따라서, 편안한 마음과 안정된 상태에서 책을 읽어주기 위해서는 복식호흡이 효과적일 수 있다. 복식호흡도 들숨보다는 날숨을 2배 이상 더 길게 하는 것이 정서 조절에 효과적일 수 있다. 효과적으로 복식호흡을

실시하는 방법은 [그림 Ⅲ-4]과 같다.

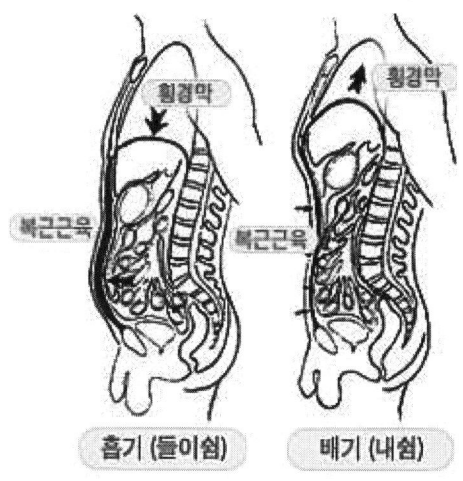

[그림 Ⅲ-4] 복식호흡의 방법

한편, 자신의 호흡 패턴을 스스로 알아본다는 것은 스트레스에 의한 나쁜 영향을 알아차릴 수 있는 1차적 단계이기 때문에, 스트레스에 대한 자신의 신체, 감정, 정신적 반응 등 호흡 패턴을 <표 Ⅲ-4>와 같이 확인할 수 있다(장현갑, 2013).

<표 Ⅲ-4> 호흡 패턴 확인 방법

호흡 패턴 자가 질문
· 들숨과 날숨의 균형이 이루어지고 있는가? · 들숨이 날숨보다 더 길거나 짧은가? · 들숨을 쉴 때 충분한 공기를 들이 마쉬는가? · 숨을 쉴 때 아랫배가 움직이는가? · 숨을 쉴 때 가슴이 움직이는가? · 숨을 쉴 때 아랫배와 가슴이 동시에 움직이는가?

호흡 패턴을 확인하게 되면 복식 호흡은 다음과 같은 순서로 실제 실습할 수 있다(장현갑, 2013). 먼저 편안한 자세로 앉아서 등을 기대고 앉은 채 호흡 패턴을 관찰한다. 둘째, 숨을 쉴때마다 횡격막이 움직이기 때문에, 숨을 들이 마실 때 손이 위로 올라갈 것이고 숨이 내쉴 때는 손이 아래로 내려가는 것을 확인한다. 셋째, 호흡을 계속하면서 손이 위로 올라갔다가 아래로 내려가는 것에만 주의의 초점을 둔다. 넷째, 앉아서 하는 복식호흡을 5-10분 동안 연습한다. 다섯째, 가만히 누워서 가벼운 책 한 권을 아랫배 위에 올려놓고 천천히 깊이 들이마시고 내쉬는 호흡을 한다. 다섯째, 호흡과 함께 아랫배에 놓인 책이 위아래로 움직이는지 확인한다. 여섯째, 누워서 하는 복식호흡을 5-10분 동안 연습한다.

지금까지 살펴본 본 바와 같이, 긍정적인 물리적인 환경과 심리적인 환경인 두뇌친화적인 환경은 정서를 안정시키는 엔돌핀, 도파민 등 신경전달물질을 촉진시키고 정서를 불안하게 하는 코티졸 등 신경전달물질 분비를 방해함으로써 아동의 학습 활동에 몰입에 도움을 줄 수 있다(최지영, 2006).

따라서, 두뇌친화적인 환경을 만들어서 그림책 읽어주기 활동을 하면 아동의 상상력을 향상시키고 정서적 경험의 폭을 확장시킴으로써 아동의 정서생활을 풍요롭게 할 수 있다(하미정, 2012). 이러한 점에서 그림책 읽어주기 활동은 아동의 영혼을 어루만져준다는 의미에서 영혼의 스킨쉽으로 비유하기도 한다(홍경수, 2008).

나. 동화구연 방법과 뇌과학

아동이 부모나 교사가 동화 구연을 하는 책의 내용에 대한 완전한 이해, 새로운 단어의 의미 이해와 습득, 적절한 읽기 전략 습득하기 위해서는 한 번 읽어주고 끝내는 것이 아니라 반복해서 읽어주는 활동이 필요하다.

뇌과학적으로 살펴보면 두뇌의 구성 요소 중에서 뉴런은 두뇌 활동을 수행하는데 매우 중요한 역할을 담당한다. 즉, 뉴런은 정보처리와 전기 및 화학 신호를 변환하여 주고 받는 역할을 담당한다. 이러한 뉴런은 세포체(cell body), 수상돌기(dendrite), 축색돌기(axon) 등으로 구분한다(<표 Ⅲ-5> 참조). 얇은 나뭇가지처럼 생긴 수상돌기는 무수히 많은 가지들이 사방으로 뻗어 있으며, 다른 뉴런으로부터 '신경정보'를 받아들이기 때문에, 뉴런은 '정보 전달'이라는 매우 특별한 역할을 한다(<그림 Ⅲ-5> 참조).

<표 Ⅲ-5> 뉴런의 구성요소

구분	특징
세포체	· 세포의 생존을 위한 여러 가지 활동 수행 · 세포체 속에 있는 세포핵은 유전정보 보유
수상돌기	· 다른 뉴런으로부터 전기신호를 받아들이는 짧은 머리카락 모양의 입력 섬유
축색돌기	· 정보를 종합하고 평가하여 전기신호 형태로 전달하고 화학물질을 운반 기능 · 수초 : 축색돌기 주변에 형성된 지방질 성분, 신속한 전기신호 전달 및 다른 반응 방해 방지 기능 · 시냅스 : 신경전달물질에 의해 화학적 신호 전달

특히, 하나의 뉴런이 다른 뉴런과 만나는 부위를 '시냅스(synapse)'라고 한다. 이러한 시냅스가 연결되는 방식은 크게 두 가지이다. 하나는 전기적 시냅스(electrical synapse)로서, 두 개의 세포가 맞닿은곳이 작은 구멍으로 연결되어 있어, 신호 전달이 직접적으로 일어난다. 또 하나는 화학적 시냅스(chemical synapse)로서, 두 개의 세포가 서로 닿아 있지 않아 세포 사이의 공간을 연결해주는 특별한 분자를 통해 신호가 전달된다.

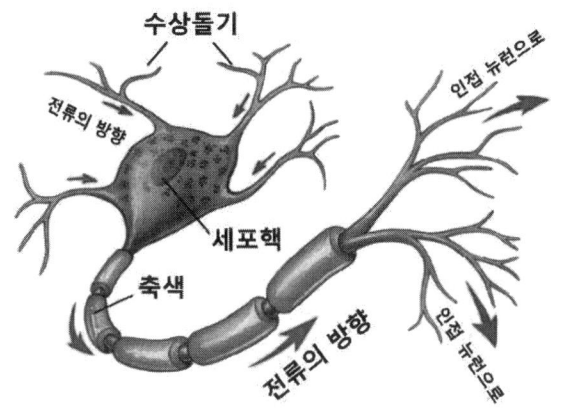

[그림 Ⅲ-5] 뉴런의 형태

우리 뇌에 있는 시냅스는 대부분 화학적 시냅스이며, '신경전달물질'을 통해 신호를 전달한다(<그림 Ⅲ-6> 참조). 화학적 시냅스는 전기적 시냅스보다 전달속도가 느리지만 훨씬 유연하다. 즉, 시냅스 연결구조가 변하기도 하고, 새로운 연결을 만들기도 한다. 이러한 과정이 기억과 학습이 일어나는 기본 토대가 된다(한국뇌기반교육연구소, 2013).

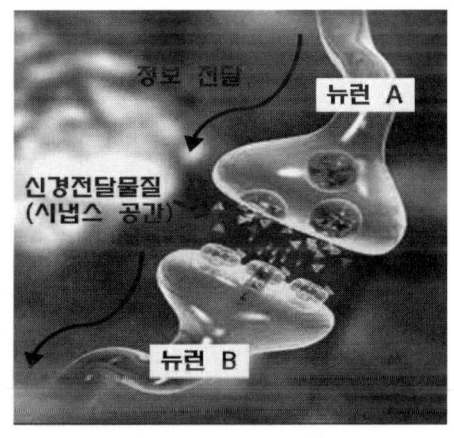

[그림 Ⅲ-6] 학습 및 기억의 과정

따라서, 동화구연은 결국 뇌 안의 시냅스의 연결을 생성하거나 복잡하게 연결하며 기존의 연결을 더 강하게 하는 과정이다. 그러므로 사고의 확장을 가져오는 학습이란 시냅스의 연결고리를 더 풍부하게 만들고 그 연결강도를 더 강하게 만드는 학습이라고 할 수 있다. 시냅스의 연결이 강하게 이루어지도록 하기 위해서는 반복적인 자극이 필요하다. 인간의 뇌는 새로운 자극이나 강도가 높은 자극을 받을 경우 혈류량과 함께 신경전달물질이 급격히 증가하게 되는데 이로 인해 뇌신경세포를 이어주는 시냅스가 원래보다 더 두터워지고 가지의 수도 늘어나게 되는 것이다(조정연, 2008).

또한, 동화구연 할 경우 특정한 한 가지 방법으로 읽어주기보다는 동일한 그림책을 반복해서 읽어주기 활동을 통해 시냅스 회로가 강화시키는 것은 물론, 다양한 형태의 동화구연을 통해 새로운 시냅스 회로를 만들어 나가는 것이 중요하다. 즉, 동화구연할 때 그림책 내용에 적합하게 몸짓, 표정, 억양, 목소리 등을 실감나게 바꾸면서 읽어주면 훨씬 더 효과적으로 그림책의 내용을 인지할 수 있다.

IV부. 그림책과 명상

1장 그림책의 개념 및 특징

1. 그림책의 정의

그림책은 글과 그림이 함께 어울려 이야기를 펼쳐 나가는 아동문학의 한 갈래이다. 즉 그림책은 텍스트와 이미지의 조합으로 이루어진 다양한 표현으로 독자들의 상상력을 자극하는 감성적 매체다.

페리 노들먼은 그림책의 그림은 움직임을 담고 있으며 인과관계를 함축한 연속적인 그림으로서 단일한 그림보다 이야기를 담을 가능성이 크기다(Nodelman, 2011)라고 했다.

유리슐레비츠는 "그림책에서 글은 그림을 반복하지 않으며 그림도 글을 반복하지 않는다. 글과 그림은 대위적 관계로 서로 보완하고 완성한다 (유리슐레비츠, 1997)

마쯔이다다시는 그림책은 작가와 화가와 편집자가 공동으로 만들어낸 '이야기가 담긴 그림이 있는 책'이라고 정의했다. (1990)

또한, 시안키올로는 그림책의 좋은 그림이란 볼수록 더 많이 알게 되고 더 깊이 느끼게 되고 더 깊이 느낄수록 사고가 심오해진다. 그림을 본다는 것은 모든 것이다. 라고 말했다.

많은 학자가 그림책에 대한 정의를 내놓고 있어 그림책에 대한 개념과 이미지는 떠오르지만, 막상 대답하려면 명확하게 설명하기 어려운 게 사실이다. 학자들은 그림책을 글과 글림의 조합이라고 말하지만 사실 그림만으로도 충분히 이야기를 만들어 가고 있는 그림책도 있다. 그렇다면 그림책이 꼭 글과 그림의 조합이라고 정의를 내려야 할까? 많은 그림책 작가들이 글 없는 그림책을 세상에 내놓고 독자들에게 뜨거운 반응을 얻고 있다.

글이 있는 그림책의 경우는 글과 그림이 상호 보완해서 작가가 이야기하고자 하는 주제를 잘 담아내어 독자에게 전달한다면 좋은 그림책이다.

또한, 글이 없는 그림책은 텍스트가 없어도 그림이 충분히 독자들과 이야기를 만들어 간다면 이것 또한 좋은 그림책이 될 것이다.

그런 면에서 '그림책은 그림과 이야기가 있는 책'으로 말할 수 있다.

<표 IV-1> 학자들이 제시한 그림책 비유

학자	비유
러셀	그림책은 글과 그림의 행복한 결혼
페리 노들먼 (1993)	그림책은 서로 다른 장르인 문학과 미술이 결합하여 만들어진 새로운 예술형태
유리슐레비츠 (1997)	그림책에서 그림은 단어를 확장하고, 명료화하고, 상호보완하며 단어의 자리를 차지하기도 한다. 즉 단어와 그림이 둘 다 읽히는 것
바바라쿠니	그림책은 진주목걸이와 같다. 진주는 그림, 목걸이는 줄이다. 줄은 그 자체로는 아름다움의 대상이 아니지만, 목걸이는 줄 없이는 존재하지 못한다..
현은자, 변윤희, 강은진,심향분 (2004)	그림 없이 글만으로 존재 할 수 없는 책
키퍼 (1995)	그림책은 독특한 예술작품, 글과 그림의 결합은 부분의 합보다 많은 것을 독자에게 전달한다
니콜라 예바 (2001)	예술형태로서 그림책의 고유한 성격은 시각적 이미지와 언어라는 두 수준의 의사소통의 결합에 기초하고 있다.

그림책은 다양한 종류와 형태를 가지고 있으며 나이에 구애받지 않고 두루 읽히는 책이기도 하기에 과연 어디서부터 어디까지를 그림책으로 보아야 하는지에 대해 판단하기 어렵다.

2. 그림책의 특징

1) 그림책에서의 삽화와 그림의 차이

(1) 이야기책의 삽화

주로 동화에 사용되고 있으며 글의 이해를 돕거나 글에 서술된 내용을 반복 제시하는 부차적인 기능을 말한다.

<그림책1. 어린왕자>

 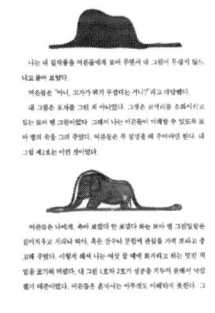

[저자 생텍쥐페리 | 역자 박성창 | 비룡소 | 2000.5.23.]

생텍쥐페리의 어린 왕자에서 나오는 삽화다. 우리가 잘 알고 있는 그림이다. 이 그림은 글의 내용을 쉽게 이해할 수 있도록 글을 보조하는 역할을 한다.

<그림책2. 몰라쟁이 엄마>   <그림책3. 엄마 마중>

[이태준 지음/ 신가영 그림/ 우리교육]   [이태준 지음/ 김동성 그림/ 보림]

<몰라쟁이 엄마>는 1930년대 우리나라 문학사에 뚜렷한 발자취를 남겼던 월북 작가 이태준의 단편 동화 열두 편이 담겼다.

열두 편 중 '엄마 마중'은 김동성 작가가 그림을 그려 그림책으로 펴낸 작품이다. 내용은 같지만, 단순히 삽화만 넣어서 출판한 동화책과 그림과 함께 이야기를 만들어 가는 그림책의 감동은 다르다.

엄마를 기다리는 아이의 모습은 <몰라쟁이 엄마>에서 나오는 '엄마 마중'에 아이의 모습은 그림이 없어도 독자는 아이를 상상할 수 있지만, 신가영 작가의 삽화로 주인공 아이의 모습을 시각화되어 독자에게 전달된다.

이태준 작가의 글에 신가영 작가의 그림이 더해져 작가가 의도한 주제에 더 접근하기 쉽다.

그러나 그림책 '엄마 마중'은 이태준의 똑같은 글에 김동성 작가의 그림이 더해져 전체적으로 내용의 전달이 달라짐을 알 수 있다.

단순히 글에서 오는 감동과 그림과 함께 이야기를 전달하는 것의 차이는 두 책을 통해서 확연히 다르다는 것을 알 수 있다.

이것이 삽화와 그림책의 그림의 차이다.

(2) 그림책의 그림

그림책의 그림은 글의 보조 장치가 아니라 독자적인 기능을 한다.

그림책의 그림에 의한 서사는 첫째 플롯 전개에 도움을 준다. 글이 서사를 만들면서 이야기를 전개 시키는 과정에서 그림이 도움을 준다. 이수지 작가의 '동물원'은 부모가 아이를 찾는 현실의 장면과 아이가 상상 속 동물들과 놀고 있는 장면이 교차 되고 있는데 부모가 찾는 장면은 흑백으로 아이의 상상 장면은 그림에 색채를 사용해서 현실과 상상을 구분하여 독자들에게 그림책의 즐거움을 주고 있다.

둘째 그림은 이야기의 기본 분위기를 만들어 준다. 분위기에 따라 색채의 명도나 채도를 달리하여 이야기의 흐름을 이해하는 데 도움을 준다. 몰리뱅의 '소피가 화나면 정말 정말 화나면'에서 소피의 화난 모습을 붉은 원색으로 표현하고 점차 화가 누그러져 가면서 색깔의 변화를 주어 소피의 기분을 이해하는 데 도움을 주고 있다.

셋째 공간의 적절한 사용으로 인물의 심리를 표현한다.

마지막으로 인물의 성격 묘사와 심리변화 등을 그림으로 표현하여 독자들에게 인물의 성격과 심리를 이해하고 감정이입을 할 수 있게 해 준다.

2) 그림책의 글

롤랑 바르트는 기호학에서 언어 메시지의 기능을 고정(anchorage)과 연결(relay)이라고 했다. 이를 인용하여 페리 노들먼은 그림책에서 글의 역할을 고정과 중계로 나누었다. 고정과 중계는 그림에서도 나타난다.

<그림책4. 멋진 뼈다귀>

<이미지 출처 ; 그림책 박물관>

[멋진 뼈다귀 윌리엄 스타이그 지음 | 조은수 옮김 | 비룡소]

(1) 고정

고정은 글이 독자들에게 그림을 해석하게 만들고 그림에 주의를 기울이게 하는 글의 역할을 말한다.

그림책 <멋진 뼈다귀>에서 (중략) "아래쪽을 봐" 펄은 아래를 내려다 보았습니다. "네 오른쪽에 바위가 있지? 그 옆에 나무가 있고, 또 그 옆에 제비꽃들이 피어 있지?" (중략)

위 글에서 독자는 글을 보면서 그림을 따라 읽어가고 있다.

또한 권정생 선생의 <강아지 똥> 표지의 그림만 본다면 주인공이 흰둥일 것이라 추측이 되지만 제목을 읽으면 강아지 똥이 주인공임을 알 수 있다. 그래서 책을 읽을 때 강아지 똥에 주의를 기울여야 함을 알 수 있다.

(2) 중계

중계는 글과 그림에 추가 정보를 제공하여 해석에 도움을 주는 역할을 한다.

여러 가지로 해석 가능한 그림을 어느 한 방향으로 해석 할 수 있도록 힌트를 주는 것이다.

3) 그림책의 글과 그림의 관계

(1) 글과 그림의 관계를 알아야 하는 이유

첫째, 그림책 연구에서 글과 그림의 다양한 관계에 많은 관심을 둔다.

둘째, 그림책 작가는 글과 그림이 상호 작용하며 만들어내는 여러 관계를 통하여 독자에게 메시지를 전달한다.

셋째, 그림책에서 글과 그림의 관계를 잘 이해하면 그림책을 보는 즐거움이 커진다.

(2) 글과 그림의 관계

① 일치

글과 그림이 같은 정보와 같은 방향으로 이야기를 전개하면서 그림을 구체적으로 표현하는 경우이다. 그래서 글만 읽어도 전체 이야기의 줄거리를 구성하는 데 큰 무리가 가지 않는다. 이럴 경우는 그림이 담고 있는 정보가 글이 담고 있는 정보와 같아서 자칫하면 지루해 질 수도 있다. 또한 글의 정보를 그림이 모두 수용하고 있으므로 그림을 해석할 필요가 없다. 예를들어 쉘 실버스타인의 <코뿔소 한 마리 싸게 사세요!>에서 글이 "등도 시원하게 긁어 주고요, 스탠드로 써도 정말 근사합니다"로 쓰여 진 부분에 그림은 글에서 설명하고 있는 부분을 기어온 꼬마의 등을 코뿔소가 긁어 주고 있는 모습과 코뿔소를 스탠드로 사용하는 모습을 그려 놓고 있다. 그림이 글의 내용을 반복적으로 설명하고 있다 그래서 글을 읽지 못하는 유아도 그림을 보고 내용을 충분히 파악할 수 있다.

다카하시 노조미의 <고슴도치의 알>을 살펴보면 "알에게 비도 막아주고 그늘도 만들어 주고 자장가도 불러준단다." 라는 글에 그림 역시 알에게 우산을 씌워주고, 나뭇잎으로 그늘을 만들어 주고 자장가를 불러주는 그림을 그려 반복적으로 그림이 글을 반복적으로 설명하고 있다.

루스 크라우스 글 마르크 시몽그림의 <모두 행복한 날>에서 일치 관계를 보여 주고 있다. <모두 행복한 날>은 <코를 킁킁>으로 더 알려져 있는 그림책이다. 출판사에서 원제를 그대로 살려서 재출판한 그림책 <모두 행복한 날>에서는 글은 "하얀 눈은 소복소복 내려요. 들쥐들은 잠을 자고 있고" 그림은 책의 펼친면 전체에 하얀 눈과 땅 속 동굴에서 잠을 자고 있는 들쥐들의 모습을 그리고 있다. 글과 그림이 반복적으로 이야기를 전달 하고 있다. 이렇듯 글과 그림의 일치 관계는 독자가 특별히 그림을 해석하지 않아도 되므로 유아들이 쉽게 그림책을 볼 수 있다.

② **상호보완**

그림책에서 글이나 그림은 각각이 가지고 있는 특성을 활용하여 서로 도움을 주며 그림책의 이야기를 끌고 나간다.

즉 글과 그림이 서로를 강화 명료화 정교화하면서 서로 보완하면서 이야기를 전개해 나간다.

글로 표현되지 않는 것은 그림으로 표현하고 그림에 나타나지 않는 것은 글로 이야기를 풀고 있다. 그래서 독자는 퍼즐을 맞추듯이 그림책을 읽어 나가야 한다. 이런 관계를 글과 그림의 상호보완의 관계라고 한다. 글과 그림의 상호보완의 관계는 그 특성에 따라 확장, 보충, 교차진전으로 이루어진다.

◇ 확장

글에 설명되지 않은 과정이나 상황을 그림이 자세히 표현하여 글을 부연 설명해 주는 역할을 한다. 이야기의 과정이나 상황을 좀 더 자세히 설명해 주어 독자가 그림책을 읽고 이해하는데 도움을 준다. 확장의 경우는 부연 설명을 해 주고 있으므로 어느 하나가 빠져도 이야기의 흐름을 이해하는데 큰 무리가 가지 않는다.

◇ 보충

글과 그림이 서로 이야기를 나누어 가지고 있어서 어느 한쪽만 보면 내용이 이해가 잘 안되는 경우다. 글에 없는 내용을 그림으로 정보를 주고 상황을 이해하고 독자들로 하여금 그림책 쪽으로 빠져들게 하는 요소다.

맥 바넷과 존 클라센 두 작가의 유쾌한 그림책 <샘과 데이브가 땅을 팠어요>에서 열심히 땅을 파도 아무것도 나오지 않자 글은 "어쩌면 밑으로만 파는 것이 문제일지도 몰라" "다른 곳으로 파보자" 이렇게 이야기하고 그림은 샘과 데이브 바로 아래 보석 그림이 그려져 있고 이것을 피해서 옆으로 땅을 파기 시작한다. 독자들은 그림을 보고 행운일지도 모르는 보석을 피해서 다른 곳만 파고 있는 샘과 데이비드의 모습에 안타까워한다. 이렇게 그림이 독자에게 온전히 그림책 속으로 빠져들게 하는 글의 보충 역할을 해 준다.

또 모리스 센닥의 <괴물들이 사는 나라>에서 "맥스는 늑대 옷을 입고 이런 장난을 했지"라는 글만 보고 맥스의 늑대 옷은 어떤지 어떤 장난을 했는지 알 수가 없다. 그러나 그림이 맥스가 입고 있는 늑대 옷과 벽에 못을 박는 장난과 강아지를 괴롭히는 장난임을 알 수 있게 표현하고 있다. <괴물들이 사는 나라> 전체에 이렇게 글과 그림의 상호 보완 관계 중 그림이 보충의 역할을 하고 있다. 그래서 글과 그림을 함께 보지 잃으면 그림책을 이해하는데 어려움이 있다.

◇ **교차진전**

그림책의 그림과 글이 교차로 이야기의 진행을 알려주는 것을 말한다. 글이 말하는 것과 그림이 말하는 것 사이의 빈틈을 메워가면서 읽어 나가야 한다.

도린 크로닌 글 베시 루윈 그림의 <탁탁 톡톡 음매 젖소가 편지를 쓴대요>에서 예를 들면 글은 젖소들이 아저씨에게 전기담요를 달라고 편지를 쓰고 그림은 벌써 전기담요를 덮고 편안하게 잠을 자는 젖소들의 모습을 그리고 있다.

글과 그림이 서로 다른 이야기를 하면서 이야기를 진행시키고 있다.

또 <벤의 트럼펫>에서도 마지막에 트럼펫 연주자가 벤에게 째즈 클럽에 와서 그들이 연주하는 것을 보고 배우라고 허락해 주는 장면에서 그림은 트럼펫 연주자가 벤을 가르치는 모습을 그림으로 표현하고 있다.

③ **반어**

반어는 글과 그림의 내용이 이치하지 않고 반대의 이야기를 하는 경우이다. 등장인물의 행동이 글에서 이야기하는 상황과 어울리지 않게 행동하거나 글과 그림의 내용이 서로 반대된 채 상황이 전개되는 경우이다.

이는 글과 그림이 서로 의미를 다르게 충돌시키면서 그 의미를 확장해 나가는 방식이다.

말라 프레이지의 <최고로 멋진 놀이였어>는 자연에서 놀았으면 하는 어른들의 바램과 자기들 방식대로 놀고싶어하는 아이들의 생각을 그려 놓은 유쾌한 그림책이다. 글에서는 어른들이 듣고 싶은 말을 쓰고 있고 그림은 반대로 아이들의 진짜 속마음을 그리고 있다. 반어법의 독특한 전개 방법으로 어른과 아이의 세계를 표현하고 있어 숨은그림찾기 하듯이 책을 읽어가는 재미를 느끼게 해 준다.

④ 대위

글과 그림이 서로 다른 관점에서 이야기를 하고 있는 것을 대위라고 한다. 즉 글과 그림이 독립적인 이야기를 전개하면서 새로운 의미를 만들어 내고 있다. 글에서 나오지 않는 이야기를 그림으로 그리기도 하고 장르를 교차하여 이야기를 전개하기도 한다.

이는 독자를 의도적으로 놀라게 하거나 이야기의 전달 효과를 높이기 위해 사용된다.

팻 허친스의<로지의 산책>이 대표적인 대위 관계 그림책이다.
<로지의 산책>은 글은 암탉 로지가 농장을 한 바퀴 산책하는 아주 간단한 이야기다. 그러나 그림은 글에서는 전혀 등장하지 않는 여우가 등장하여 평화롭게 산책하는 암탉 로지를 호시탐탐 노리고 있는 모습을 그리고 있다. <로지의 산책>은 암탉 로지와 여우의 서로 다른 두 개의 시점에서 서로 다른 두 개의 이야기가 하나의 그림책에서 하나의 서사를 다루고 있다.

또 이수지 작가의 <동물원>도 글은 엄마 아빠의 시점, 그림은 아이의 시점을 보여 주고 있어 두 가지 이야기가 하나의 서사를 이루고 있다.

이런 대위 관계의 그림책은 <이건 내 모자가 아니야>, <내 모자 어디 갔을까?>, <안돼!>등 많이 있다.

3. 그림책의 구조

1) 책의 형태

책의 형태는 매우 다양하다. 가로 형태의 직사각형, 세로 형태의 직사각형, 징사긱헝 등의 형태를 띠고 있지만 그 그기도 작가들의 의도에 따라 다양하게 제작된다. 또한 병풍책, 팝업책 등 다양한 형태의 그림책들이 있다.

대부분의 그림책은 왼쪽에서 오른쪽으로 읽는 책이나 주나이다 작가의 그림책<의>는 오른쪽에서 왼쪽으로 읽는 형태로 글 또한 세로로 배치하고 있어 처음 접하는 독자들은 조금 불편함을 느낄 수 있으나 작가의 철학적 의도가 내포된 책으로 많은 독자들에게 사랑을 받고 있다.

그림책의 형태는 기본적인 제약 없이 다양하게 나타나고 있지만 대부분의 그림책은 가로 형태의 직사각형이며, 이는 화면을 안정적이고 보기 쉽기 때문이다.

2) 책의 표지

그림책의 표지는 책의 얼굴이며 그림책 속으로 이끄는 힘을 가지고 있다. 그러므로 그림책 표지는 독자들의 시선을 끌 수 있는 요소를 배치하여 그림책의 내용을 상상할 수 있도록 도와준다.

3) 책의 앞, 뒤 면지

앞표지와 뒷표지를 열었을 때 바로 나타나는 두 페이지다. 이 두 페이지는 책의 표지와 본문을 연결해주는 공간이다. 독자들은 이 면지에서 책의 정보를 알 수도 있고 책의 내용을 기대하기도 한다.

또 어떤 경우는 앞 뒤 면지의 그림이 본문에는 나오지 않지만 본문의 내용을 더 효과적으로 전달하기도 한다.

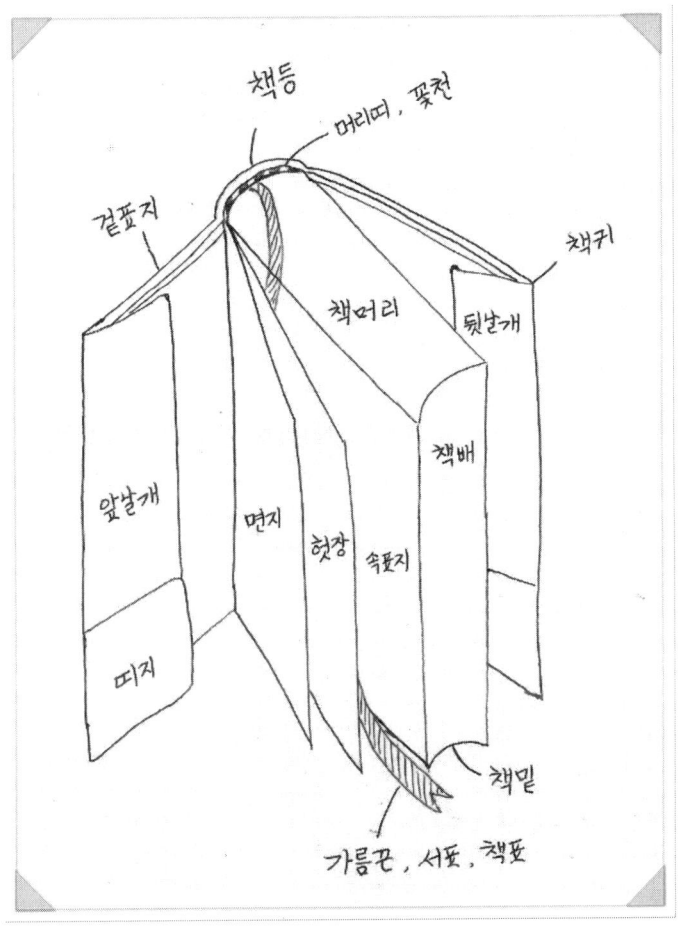

단순히 제본에서 책의 표지와 본문을 연결하는 기능을 넘어서 그림책을 보는 맛을 내는 중요한 부가적인 정보를 내포하고 있기도 하다.

베아트리체 알레마냐의 <사라지는 것들>은 면지 헌사와 중간 제목을 바로 넣어서 책의 속 표지가 없이 바로 본문이 시작되고 있다.

4부 그림책과 명상

4) 책의 속표지

본격적으로 그림책이 전개되기 전 쉬어가는 페이지로 중간 제목이나, 작가의 정보 등이 들어간다.

5) 본 화면

본문의 마주 보는 두 페이지를 하나의 단위로 한 화면이라고 한다.
보통 접지선을 따라 그림과 글을 배치하고 한쪽 페이지에는 글, 한쪽 페이지에는 그림으로 표현하는 경우도 있고 화면 전체를 하나의 그림으로 표현하기도 한다.
이수지 작가는 접지선도 그림의 일부로 잘 활용하여 이야기를 전개 시켜 나간다.

2장 뇌과학과 그림책

1. 그림책과 두뇌 발달

가. 그림책과 관련된 두뇌 영역

그림책은 글, 그림 등 두 개의 언어가 유기적으로 구성된 복합 언어 예술로서, 글과 그림이 하나로 어우러져 오케스트라 합주단이 악기 연주를 하듯이, 그림책을 읽는 독자들에게 그림책의 내용을 효과적으로 전달할 수 있다. 따라서, 글과 그림이라는 두 매체가 서로 합하여 의미를 전달하는 그림책을 비유하여 '글과 그림의 행복한 결혼'이라고도 한다(이정은, 2014).

두뇌의 구조를 살펴보면 대뇌피질 중에서 전두엽, 측두엽, 후두엽, 두정엽 등은 [그림 Ⅳ-1]과 같은 역할을 수행한다. 그림책을 읽을 때 그림을 보게 되면 시각 기능을 담당하는 후두엽이 활성화되고 그림에서 주인공의 위치나 공간의 배치를 보면 공간 및 감각 기능을 담당하는 두정엽이 활성화될 수 있다.

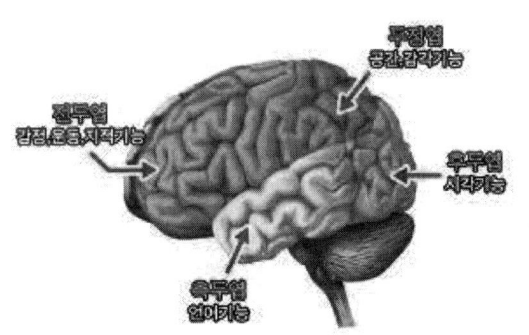

[그림 Ⅳ-1] 대뇌피질의 영역과 기능

특히, 언어와 관련된 두뇌 영역은 [그림 Ⅳ-2]과 같이 말하기, 쓰기 등 언어 표현과 관련된 브로카 영역과 듣기, 읽기 등 언어 이해와 관련된 베르니케 영역으로 구분할 수 있다. 그림책에서 글자를 읽게 되면 듣기, 읽기와 같은 언어 이해 영역인 좌측 측두엽의 베르니케 영역이 활성화될 수 있다.

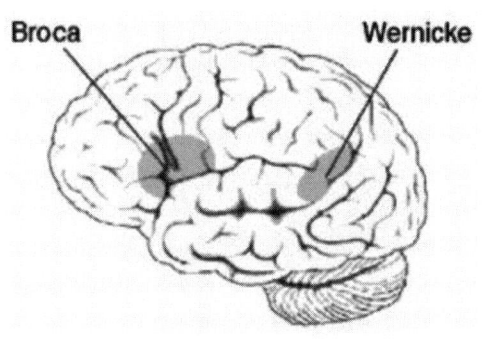

[그림 Ⅳ-2] 언어 관련 두뇌 영역

따라서, 단순히 글자로 된 책을 읽게 되면 언어를 이해하는 베르니케 영역만 활성화 될 가능성이 많지만, 글자와 그림이 혼합된 그림책을 읽게 되면 시각 영역을 담당하는 후두엽, 공간 및 감각 기능을 담당하는 두정엽, 언어 이해를 담당하는 베르니케 영역 등이 동시에 활성화되기 때문에, 두뇌 계발에도 많은 도움이 될 수 있다.

<표 Ⅳ-2> 일반책과 그림책의 두뇌 활성화 영역 비교

구분	특징	두뇌 영역
일반책	글자	좌측 측두엽의 베르니케 영역 등
그림책	글자, 그림	좌측 측두엽의 베르니케 영역, 후두엽, 두정엽 등

나. 그림책을 통한 전뇌 계발

또한, 그림책에서 글자를 읽게 되면 좌뇌 영역이 활성화되고 그림을 읽게 되면 우뇌 영역이 활성화될 수 있기 때문에, 좌뇌와 우뇌를 동시에 두뇌를 계발함으로써 전뇌(Whole Brain)를 통합적으로 발달할 수 있다. 좌뇌와 우뇌의 특징은 <표 IV-3>와 같이 구분할 수 있다.

<표 IV-3> 좌뇌와 우뇌 특징 비교

좌뇌	우뇌
· 순차적인 정보처리 · 의사결정시 정보 활용 · 전체보다 부분에 초점 · 일상적·계속적 행동 점검 · 시간, 계열, 세부(details), 순서에 대한 인식 · 청각적 수용, 언어적 표현 · 단어, 논리, 분석적 사고, 읽기와 쓰기 · 옳고 그름에 대한 경계와 인식 · 규칙과 최종 기한 준수 · 언어적, 분석적, 논리적, 계열적 · 숫자를 조작하는 기능 · 언어, 논리, 수학 등 학업적인 학습 부분	· 많은 정보 동시에 처리 · 전체적인 상황 이해 · 부분보다 전체에 초점 · 시간적 여유 중시 · 개인 차이점 수용 · 다양한 상황 및 가능성 고려 · 관계 형성 및 유지 · 신기성(novelty)에 주의 기울임 · 음악, 미술, 시각-공간적 및 시각-운동적 활동 · 책을 읽거나 이야기할 때 심상(mental images) 형성 · 직관적 및 정서적 반응 · 관계 형성 및 유지 · 비언어적, 형태적, 창의적, 상상력 중시

한편, 단순히 글자로만 쓰여진 일반책이나 그림으로만 그려진 그림책을 읽는 것보다는 글과 그림이 혼합된 그림책이 기억하기 쉽다. 글자만 읽거나 그림만 보고 책을 읽게 되면 한 가지 방법으로 정보를 기억하지만,

글자와 그림을 동시에 보고 읽게 되면 두 가지 이상 방법으로 정보를 기억하기 때문에 훨씬 더 잘 기억할 수 있다.

따라서, 그림책은 글과 그림의 상호보완적 형태의 문학 작품으로서, 그림으로 표현할 수 없는 부분을 글로 표현하고 글로 표현하지 못하는 것은 그림으로 표현할 수 있다(김소영, 2015). 이러한 측면에서 그림책을 진주 목걸이로 비유하면서 진주는 그림을, 목걸이 줄은 글로 설명하기도 한다.

다. 그림책 내용의 기억력 향상

일반적으로 수업 유형에 따라 정보를 기억하는 파지율이 많은 차이가 있다. 즉, 학습자를 대상으로 강의, 독서, 시청각 교재 활용, 실험, 토론, 연습, 또래 가르치기 등 다양한 수업을 실시하게 되는 경우 24시간 지난 후, 평균 파지율은 [그림 IV-3]과 같이 도식화할 수 있다(Sousa, 2011).

구체적으로 말하자면 글자로 된 일반책을 읽게 되면 언어적 처리에서 독서에 해당하는 10% 파지율이 있지만, 글자와 그림이 혼합된 그림책을 읽게 되면 시청각 교재 활용에 해당하는 20% 파지율이 있기 때문에, 정보를 기억하는 파지율이 더 높다고 볼 수 있다.

[그림 IV-3]에서도 알 수 있듯이, 행동적 처리를 요구하는 수업, 언어적·시각적 처리를 요구하는 수업, 언어적 처리를 요구하는 수업 순으로 파지율이 높게 나타났다.

따라서, 그림책을 혼자서 읽는 언어적 처리보다는 다른 사람이 그림책을 읽어주면 행동적 처리까지도 가능하기 때문에, 90% 파지율이 있다. 즉, 혼자서 그림책읽는 것보다 다른 사람이 그림책을 읽어 주면 훨씬 더 기억하기 쉽다는 의미이다.

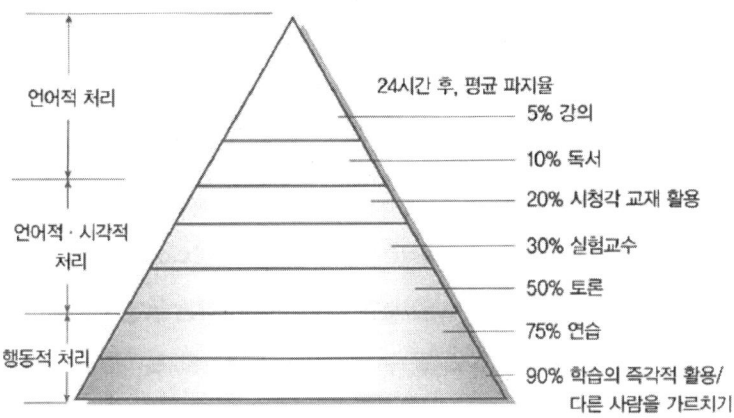

[그림 IV-3] 수업 유형별 정보를 기억하는 파지율

2. 책읽는 방법에 따른 두뇌 계발

일반적으로 컴퓨터 게임할 경우, 단순 계산할 경우, 조용히 묵독해서 책읽는 경우, 글 소리를 내어 낭독해서 책읽는 경우 등 다양한 독서 방법에 따라 두뇌 활성화 영역을 비교하면 [그림 IV-4]과 같이 정리할 수 있다. 즉, 책읽는 활동이 컴퓨터 게임과 단순 계산보다 두뇌 영역이 더 활성화되고 묵독해서 책읽는 활동보다는 소리내어 낭독해서 책읽는 활동이 두뇌 영역이 더 활성화된다는 것을 알 수 있다.

그중에서 그림책 놀이 중에서 책 읽어주기 놀이는 듣기활동과 읽기활동의 중간에 위치하고 있는 활동이다(송은영, 2005). 이러한 그림책 읽어주기 놀이는 듣기활동과 읽기활동을 동시에 수행할 수 있다. 이러한 듣기활동과 읽기활동은 언어 이해와 관련된 좌측 측두엽의 베르니케 영역을 활성화할 수 있다.

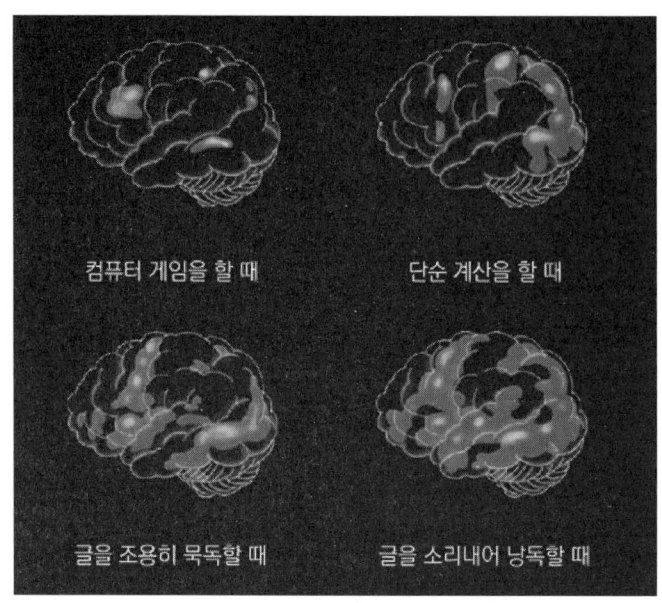

[그림 Ⅳ-4] 책읽는 방법에 따른 두뇌활성화 영역

결론적으로 말하자면 혼자서 조용히 읽는 그림책 묵독 놀이보다는 소리내어 읽는 그림책 낭독 놀이가 그림책 내용을 기억하기가 더 쉽고, 두뇌 기능도 더 활성화될 수 있다([그림 Ⅳ-5] 참조).

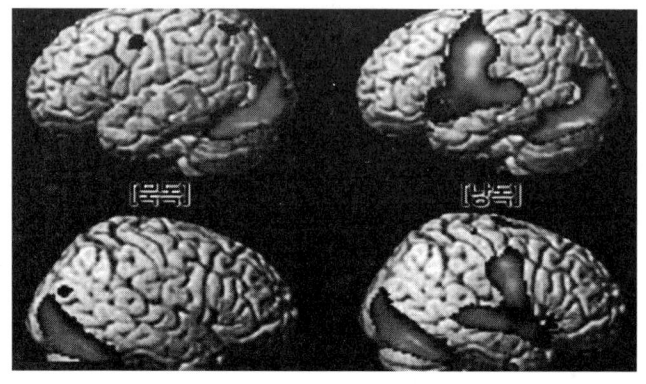

[그림 Ⅳ-5] 묵독과 낭독의 두뇌 활성화 차이 비교

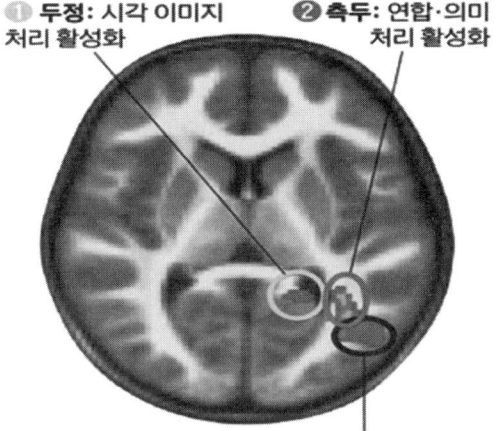

[그림 Ⅳ-6] 책 읽어주기에 대한 뇌과학적 이해

일반적으로 책 읽어주기 놀이를 통해 활성화되는 두뇌 영역은 후두엽, 두정엽, 측두엽 등 [그림 Ⅳ-6]과 같이 도식화할 수 있다. 두정엽은 책을 읽어줄 때 시각 이미지 처리 활성화가 이루어지고, 후두엽은 시각 연합 및 의미 처리 활성화가 이루어지며 측두엽은 연합 및 의미 처리 활성화가 이루어진다.

3. 그림책 읽는 방법에 따른 두뇌 계발

특히, 그림책 읽어주기 놀이 활동의 과정을 뇌과학적으로 설명하면 먼저 그림책을 읽어주는 소리는 1차 청각피질에 전달되고 그림책에 있는 그림을 보게 되면 1차 청각피질에 전달되어 베르니케 영역에서 의미를 이해하고 측두엽에서 단기 기억 또는 장기 기억으로 저장할 수 있다. 그림책 읽어주기 과정에 대한 뇌과학적 이해는 [그림 Ⅳ-7]과 같이 도식화할 수 있다.

또한, 좌측 측두엽의 베르니케 영역은 시각, 청각, 촉각을 담당하는 영역의 경계면 근처에 위치하고 있기 때문에(김소영, 2015), 그림책을 읽어줄 때 시각, 청각, 촉각 등을 활용하여 읽어주면 효과적일 수 있다. 따라서, 그림책을 읽어줄 때 들리는 소리(청각), 그림책에서 보이는 그림(시각), 그림책을 손으로 만지면서 느껴지는 느낌(촉각) 등 다양한 감각을 개별적으로 전달하기보다는 감각통합적인 그림책 읽어주기 활동을 실시하면 효과적일 수 있다.

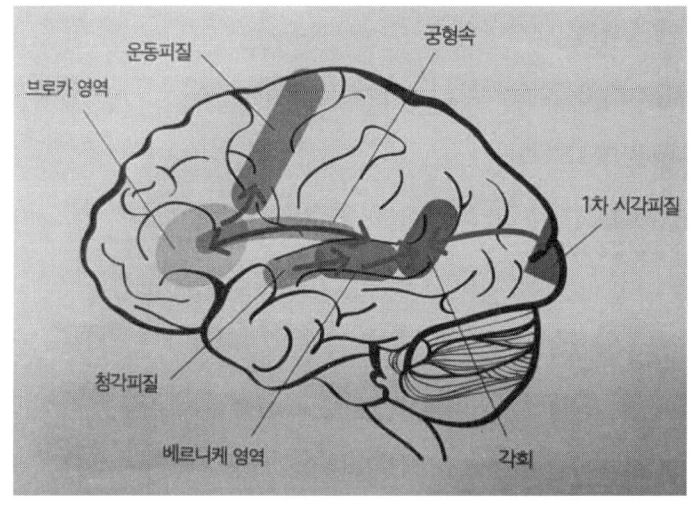

[그림 IV-7] 그림책 읽어주기 과정에 대한 뇌과학적 이해

일반적으로 오감과 관련된 두뇌 영역은 [그림 IV-8]과 같이 도식화할 수 있는데, 그림책 읽어주기는 시각, 청각, 촉각 등과 관련된 두뇌 영역을 활성화하기 때문에, 특정한 감각만 사용해서 그림책을 읽어주기 보다는 다양한 감각을 사용해서 감각통합적으로 그림책을 읽어주면 두뇌 영역의 활성화도 확장될 수 있다.

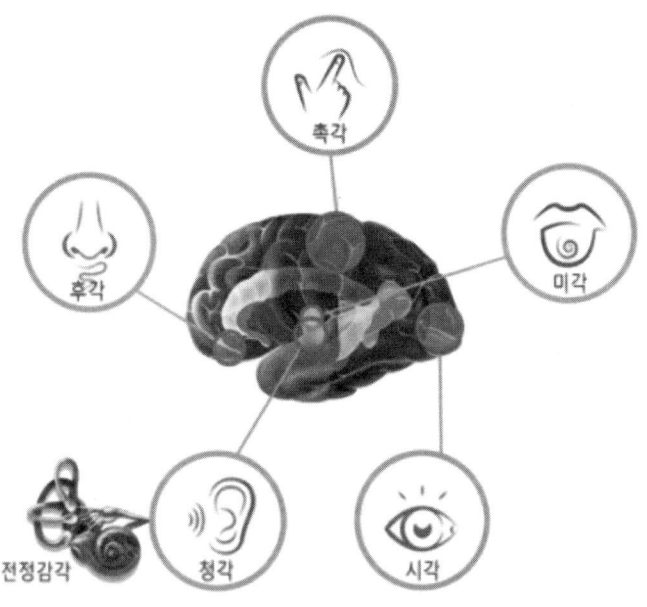

[그림 Ⅳ-8] 오감과 두뇌 영역 활성화

    그림책을 읽어주기 놀이 활동을 통해 보고, 듣는 경험의 언어 이해 기능을 수행하는 베르니케 영역이 활성화된 후에, 말을 하거나 글로 쓰는 경험의 언어 표현 기능을 수행하면 브로카 영역도 활성화할 수 있다. 즉, 단순히 그림책 읽어주기 놀이 활동만 하는 것보다 그림책 읽어주기 놀이와 동시에 그림책 읽은 내용을 글과 말로 표현하는 놀이 활동을 함으로써 [그림 Ⅳ-9]과 같이 두뇌 시냅스 회로의 연결성이 강해지고 더 많아질 수 있다. [그림 Ⅳ-9]에서도 알 수 있듯이, 그림책 읽어주기 놀이 활동은 게으른 뇌세포의 시냅스 회로로 연결될 수 있지만, 그림책 읽어주기 놀이와 그림책 읽은 것을 표현하기 놀이는 부지런한 뇌세포의 시냅스 회로로 연결될 수 있다.

다시 말하자면, 인간의 뇌가 얼마나 우수한가는 뇌세포의 수도 중요하지만, 신경세포들끼리의 연결망의 효율성에 의해서 결정된다고 볼 수 있다. 따라서, 뇌는 이미 학습된 사물을 다시 접했을 때 처음 접하는 다른 사물에 대해서보다 더욱 빠른 반응을 보이고 신속하게 처리하게 된다. 즉, 풍부한 자극 환경 속에서 학습을 하게 되면, 그 자극들을 담당하는 부위의 신경세포들의 연결이 더욱 복잡해지고 시냅스는 두터워지며 흥분 전도가 원활히 일어나게 되는 것이다.

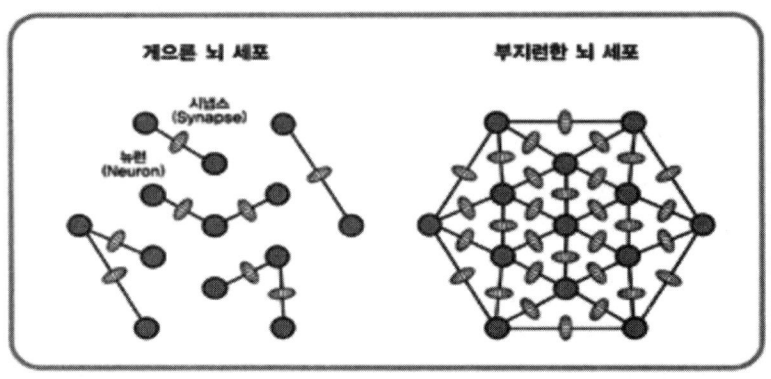

[그림 Ⅳ-9] 게으른 뇌세포와 부지런한 뇌세포의 비교

3장 명상의 개념

1. 명상의 역사

명상이 어느 때부터 시작되었는지 정확하게 알 수 없지만, 문헌상 명상의 방법에 대해 언급된 것 중 최초의 것은 지금부터 약 5,000여 년 전 '탄드라(Tantras)'라고 불리는 인도의 고대 성전에 기록된 것이다. 하지만 비록 더 이상의 오래된 기록은 찾을 수 없지만, 훨씬 이전부터 명상은 전해져 왔을 것으로 짐작할 수 있다(장현갑, 2013).

명상은 인간의 정신생활의 기본이 되는 것으로 인류가 살아온 원동력이면서도 서구에서 발달된 것과 동양 특히 인도에서 그것이 서로 차원을 달리 하고 있으며, 인도에서도 여러 학파에 따라서 그 내용이 달리하면서 오늘날까지 전해오고 있다(박은희, 2003).

인간의 마음을 효과적으로 순화하고 개선시키기 위한 신념과 적극적이고 지속적인 수행 방법을 통해 인간이 자기 스스로의 소원성취를 달성하기 위한 수단으로써 종교에 의지하고 있다. 따라서, 명상은 종교적 목적을 달성하고 자아완성을 이루기 위해서 행해야 할 수행의 방법으로 행하였다(박은숙, 2015).

특히, 동양적 명상에서 종교나 철학이 추구하는 주제는 생로병사에 따른 현재의 마음상태에서 벗어나 보다 이상적인 순수한 원초적 마음의 상태로 환원하는 실천지를 명상이라고 한다(박은숙, 2015).

동양에서 명상을 종교적으로 중요시하여 체계적으로 발전시킨 인도는 요가라는 독특한 수행을 통해서 종교 문화의 꽃을 피웠다(정현갑, 2004). 이러한 요가를 통해서 종교 문화를 형성하고 세계 어느 민족보다 가장 높은 정신문화로 발전할 수 있었다(정태혁, 1987).

한편, 인도의 요가나 불교에서 사용하는 정신수련법을 통해서 도달한 마음의 상태를 '댜냐(Dhyana)'라고 한다. 이러한 'Dhyana'는 시끄럽고 산란한 마음을 가라앉혀 고요하고 집중된 마음 상태와 그에 이르는 수양법(박석, 2006)으로서, 인간 속에 있는 신성, 완전한 인간성을 발견하는 과정이라 할 수 있다(박은숙, 2015).

원래 요가는 B.C. 3000년 이전부터 수행자들에 의해서 전해지면서 종교적 목적을 달성하고, 인격의 완성을 가하기 위해서 행해지는 유일한 방법으로 통했다(서정섭, 2006). 오늘날까지 이어오면서 요가는 인도 사람들의 종교적 수행이라고 이해되고 있으며, 인도인들은 이것을 인격완성의 유일한 길이며, 또한 몸과 마음을 올바르게 하는 가장 뛰어난 지혜라고 한다(정태혁, 1987).

오늘날 인도의 요가는 일종의 미용이나 건강을 위한 것으로 이용되고 있고 일부 학자들에 의해 정신적인 면이 강조되자 학문적으로 높은 가치를 인정받고 있다. 종교적인 차원을 넘어서서 생활 속의 요가를 '카르마 요가'라고 하고 신앙심을 가지고 신에 대한 전념을 가르치는 요가를 '바르카 요가'라 한다(박은희, 2003).

또한, 인도를 비롯한 고대 동양의 종교나 철학의 핵심 주제는 고통스러운 현존적 마음의 상태로부터 보다 완전한 이상적인 마음의 상태로 초월해 가려는데 있다. 이러한 마음의 고통에서 벗어나 아무런 왜곡 없는 순수한 마음 상태로 돌아가는 것을 초월(transcendence)이라 하며 이를 실천하려는 것이 명상(冥想: meditation)이다(David, 1993).

서양에서도 서양심리학의 한계성을 인식하고 동양사상에 대하여 관심이 고조되고 있으며, 특히 동양 고유의 심신 수련 방법에 대한 관심은 날로 증가하고 있다. 특히, 동양 문화는 전통적으로 인간 정신의 규명과 발전에 많은 관심과 노력을 기울여 왔으며, 이와 같은 정신문화의 배후에는 정신을 수련하는 방법과 실천이 항상 중요한 역할을 하였다(서정섭, 2006).

특히, 서구 학자들이 주도한 명상의 연구는 초기 불교 경전의 기록에 사용된 고대 인도의 팔리(pali)어 '사티(sati)'에서 비롯되었다. 'sati'는 불교 전통의 모든 명상법의 토대가 되는 개념(siegel et al, 2009)으로서, 주의, 기억 뜻으로 사용되고 있다(김완석, 2016).

또한, 1975년 서구에서 명상을 발전시킨 Herbert는 각성 상태에서 의식의 구속에서 벗어나 자유로운 상태를 만들어 의식적 자아를 원초적 자아로 본질적 접근을 유도하는 초월 명상(transcendental meditation)을 시도하였다. 그 후, 1990년 Kabt-Zinn은 마음챙김에 근거한 스트레스 감소를 위해 'sati'의 개념을 발전시킨 MBSR(mindfulness based stress reduction) 명상을 보급하였다.

2. 명상의 필요성

4차 산업혁명 시대 미래 사회는 매우 급변하게 변화한다. 이스라엘 석학자인 유발 하라리 교수는 변화하는 세상을 효과적으로 대처하기 위해서는 마음의 균형(mental balance)을 맞추는 감성 지능(emtional intelligence) 계발이 매우 중요하다고 주장하고 있다. 이러한 마음의 평정심을 찾기 위해서는 명상이 매우 중요하다. 마음의 평정심을 유지하면 스트레스를 잘 조절할 수 있고 관리할 수 있다.

특히, Selye(1976)는 인체의 비특이적인 반응을 나타나게 하는 원인을 '스트레스 원'이라고 정의하면서, 우리 몸이 세 단계에 걸쳐 스트레스에 반응한다는 가설을 내놓았다. 스트레스 원에 대한 인체의 동일한 반응을 '일반적 적응 증후군'이라고 명명하고, '경고반응[1]', '저항단계[2]',

---

1) 경고반응(alarm reaction),
2) 저항단계(resistance)

'소진단계3)'로 나누어 설명하였다.

첫 번째 경고반응 단계에서는 투쟁 또는 도피 반응(Fight-or-Flight Response)과 비슷한 정보반응이 신체 전반에서 일어난다. 인간이 스트레스를 받았을 때 우리의 몸에서는 생리적, 심리적, 행동적 반응이 일어나는데 이를 '투쟁 또는 도피 반응(Fight-or-Flight Response)'이라고 한다.

두 번째 저항단계에서는 우리 몸이 저항 하거나 항상성 회복을 추구하는 식으로 스트레스 요인에 적응한다. 스트레스 요인이 오래도록 지속되거나 아주 강력한 경우 우리 몸이 탈진해 버리는 세 번째 소진단계가 나타난다.

이런 반응에 주로 관여하는 부위는 시상하부, 뇌하수체, 부신피질로서 이를 통칭해서 HPA 축4)이라 부른다. 뇌의 편도체에서 지각된 자극이나 위험신호는 시상하부의 뇌실방핵을 자극해 코르티코트로핀 방출 호르몬(CRH)5)을 분비하도록 한다. CRH는 뇌하수체 줄기에 있는 문맥을 통해 뇌하수체 전엽으로 전달되며 여기에서 부신피질자극호르몬(ACTH)6)이 분비되도록 유도한다(장현갑, 2010). 이 ACTH는 부신피질로 전달되며, 자극을 받은 부신피질은 코르티솔(Cortisol)을 합성해 혈류로 방출한다(Girdano et al., 2008). 코르티솔은 매우 중요한 스트레스 호르몬으로 뇌를 포함한 신체 전반에 작용해 스트레스 저항과 항상성 회복에 관여한다([그림 Ⅳ-10 참조]).

또한, 4차 산업혁명 시대는 몸과 마음이 경직된 상태보다는 이완된 상태를 유지해야만 시대적 사회적 변화에 적극적으로 잘 대처할 수 있다. 이완된 상태는 교감신경계가 과잉 활동하는 상태에서 부교감신경계가 우세하도록 바뀐 상태로서, 몸과 마음이 편안한 상태를 유지할 수 있다.

---

3) 소진단계(exhaustion)
4) HPA축(Hypothalamic-Pituitary-Adrenal Axis)
5) 코르티코트로핀 방출호르몬(Corticotropin-Releasing Hormone : CRH)
6) 부신피질자극호르몬(AdrenoCorticoTropic Hormone : ACTH)

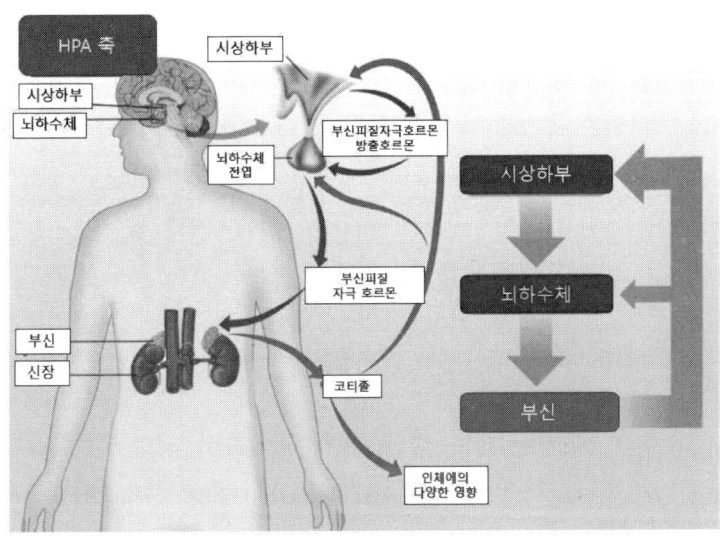

[그림 Ⅳ-10]

이러한 이완 상태를 유지하는 방법 중 하나가 호흡과 명상이다.

한편, 4차 산업혁명 시대는 자기 자신을 객관적으로 바라보는 성찰 능력 즉, 메타인지(meta-cognition) 능력을 향상시킬 필요가 있다. 이러한 메타인지 능력은 청소년의 학업 성적을 향상뿐만 아니라, 직장인의 업무 능력도 향상시킬 수 있다는 장점을 가지고 있기 때문에, 최근에 많은 관심을 가지고 있다. 메타인지는 상위인지, 초인지 등 다양한 용어로 사용되고 있는데, 호흡과 명상을 통해서 자신을 성찰하는 객관적인 안목이 생길 수 있다.

3. 명상의 개념

명상의 어원은 라틴어 contemplatio, meditatio에 해당하여 묵상, 관상의 의미이고 "깊이 생각하다", "묵묵히 생각하다" 등으로 해석할 수 있다(박은숙, 2015). 즉, 명상은 마음을 자연스럽게 안으로 몰입시켜 내면의 자아를 확립하거나 종교 수행을 위한 정신집중 상태라 할 수 있다(서정순, 2014).

일반적으로 모든 생각과 의식의 기초는 고요한 내면의식이며, 명상을 통하여 순수한 내면의식으로 자연스럽게 몰입하게 된다(서정섭, 2006). 따라서, 명상은 인간의 의식을 어느 하나의 대상에 집중하도록 하는 훈련을 통해 궁극적으로 내적 평온함이 극대화되어 자기를 만나는 최고의 경지에 도달할 수 있는 정신수련법이라 할 수 있다(장현갑, 2004).

특히, 약은 몸을 치료하고 명상은 우리의 존재를 치유하는 자기 내면의 약이기 때문에, 운동은 신체를 건강하게 하는 'physical-exercise'라고 하는 반면에, 명상은 정신을 건강하게 하는 'mental-exercise'라고 한다(박은숙, 2015).

다시 말해, 명상은 긴장과 잡념에 시달리는 현실세계로부터 의식을 떼어 높음으로써 밖으로 향하였던 마음을 자신의 내적인 세계로 향하게 하고, 외부에 집장하고 있는 의식을 안으로 돌려줌으로써 마음을 정화시켜 심리적인 안정을 이루게 하여 육체적 휴식을 주고 몸의 건강을 돌보게 한다(서정순, 2006).

또한, 명상은 '흙탕물을 컵에 담아 탁자 위에 가만히 올려 놓으면 조금씩 흙은 밑으로 가라앉고 물은 깨끗하게 되는 현상'에 비유할 수 있기 때문에, 마음과 몸의 흥분이 가라앉게 되면 두뇌는 신체에 더 이상 스트레스 메시지를 보내지 않아 이완되고 건강한 상태가 될 수 있다(장현갑, 2013).

마음 챙김 명상의 개발자인 Kabat-Zinn(1990)은 '마음에서 일어나는 것을 판단하거나 평가하지 않고, 의도적으로 현재의 순간에 주의를 집중할 때 발생하는 알아차림으로 정의하였다. 또한, 명상은 '눈을 감고 고요히 생각 한다'는 뜻으로 의식을 어느 하나의 대상에 집중하도록 하는 훈련을 통해 궁극적으로 내적 평온함이 극대화 되어 진정한 자기를 만나는 최고의 경지에 이르도록 하는 정신 수련법으로 장현갑(1996)은 정의하였다. 더욱이, 정태혁(2007)은 '마음을 자연스럽게 안으로 몰입시켜 내면의 자아를 확립하거나 정신집중을 널리 일컫는 말' 또는 '눈을 감고 고요히 생각한다'라고 정의하였다.

이 외에도 명상은 '이완을 목적으로, 의도적(willfully and purposefully)으로 자신의 주의를 조절하고, 자신 혹은 개인 성장과 초월을 탐구하는 것'으로 정의할 수 있다(Brefczynski-Lewis et al. 2007). 또한, 명상은 알아차림을 통해 있는 그대로의 실상을 검증해 가는 방법과 과정(권수련, 2018)으로 정의하기도 한다. 이러한 명상은 마음이 또렷하게 깨어 있으면서도 신체는 이완된 상태로서, 각성, 이완, 평온감이 동시에 나타나는 마음과 몸의 평화 상태라 할 수 있다(장현갑, 2013).

따라서, 명상이란 전통적으로 한층 더 높은 의식상태 혹은 더 건강하게 여겨지는 상태에 도달하고자 정신적 과정을 가다듬는 것을 목적으로 하는 의식적 훈련이지만, 현대에서는 이완을 목적으로 하거나 어떤 종류의 심리적 치료를 목적으로 행해질 수도 있다(安籐 治, 2009).

한편, '나는 누구인가?', '나는 어디를 향해 가고 있는가?'에 대한 물음은 인간 존재에 대한 기본적인 물음이며, 그 물음에 대한 해답을 찾기 위한 시도로써 종교, 철학, 심리학 등이 탄생했다. 최근에는 명상을 '진정으로 우리가 누구인지를 알아가는 과정' 인식하여 자아를 깨닫는 체계적인 기술(김윤탁, 2018)로 정의하고 있다.

결론적으로 말하자면, 인간이 항상 일상생활에서 일어나는 모든 행위에 깨어 있는 상태로 바라볼 수 있다면 모든 생활이 '명상화된 삶'이라 할 수 있다(박은숙, 2015).

4. 명상의 오개념

명상의 오개념은 다음과 같이 정리할 수 있다(장현갑, 2013; 김윤탁, 2018).

첫째, 명상은 불교 등과 같이 특정 종교와 관련되어 있다고 주장하는 것이다. 명상은 과거에는 특정 종교와 관련되어 있었으나, 현재는 자신의 진정한 자아를 자각하고 깨어있는 상태에서 어떤 것을 행할 때 수행하는 모든 것을 의미한다. 이러한 명상을 통해서 영적인 깨달음과 성장까지도 기대할 수 있다.

둘째, 명상을 지루하고 어렵다고 주장하는 것이다. 지루하고 어렵다는 선입견으로 인해 명상을 지속적으로 실천하는데 어려움이 많다. 영유아는 재미있는 놀이 형태로 명상을 접근할 수 있고 단순히 눈을 감고 호흡을 관찰하는 것부터 시작해서 손쉽게 명상을 실천할 수 있다.

셋째, 명상할 때 반드시 가부좌를 앉아야 한다고 주장하는 것이다. 두 다리를 완전히 꼬고 앉아 있는 가부좌는 어려운 자세로서, 초보자는 명상을 수행하기가 쉽지 않기 때문에, 의자에 앉아 등을 기대거나 누워서 명상을 하는 등 자신에게 편한 자세로 취할 수 있다.

넷째, 명상은 조용한 특정한 장소에서 실시해야 한다고 주장하는 것이다. 명상은 세상과 함께 하려는 것이지, 절이나 기도원 같이 세상과 차단된 장소에서만 수행하는 것이 아니다. 즉, 자동차 경적 소리, 학생 고함 소리 등 있는 그대로의 현실에서 여과 없이 수용할 수 있어야 한다.

5. 명상의 효과

명상은 마음의 안정, 자기 통제력 증진, 알콜 중독 및 스마트폰 중독 치료, 심리 치료, 신체적 건강 증진, 메타인지 능력 향상, 영성 향상 등 다양한 효과가 있다(장현갑, 2013; 김정호, 김완석, 2013; 김윤탁, 2018).

첫째, 스트레스 상태에서는 신체적 및 정서적으로 항상 긴장되어 있지만, 명상을 통해서 주의집중을 하게 되면 흥분이나 긴장이 사라지고 몸과 마음이 차분해진다. 즉, 스트레스를 유발하는 내적 또는 외적 자극을 멈추게 함으로써 신체적 및 정서적으로 이완 및 휴식 상태를 유지할 수 있다.

둘째, 명상을 하면 혈압이 내려가고 심장박동이 느려져 심장병 발병의 위험률이 낮아지는 효과가 있다. 이는 몸과 마음의 긴장을 이완시켜 교감신경계의 작용보다는 부교감신경계의 작용이 더 우세하기 때문이다.

셋째, 명상을 하면 세로토닌(serotonin) 분비가 증가되기 때문에, 우울증보다는 행복감을 느낄 수 있다. 세로토닌은 행복감을 느끼게 하는 신경전달물질이기 때문에, 우울증 예방 및 치료에 많은 도움을 줄 수 있다.

넷째, 장기간 스트레스를 받게 되면 코르티솔 분비가 증가하기 때문에, 스트레스를 해소하기 위해 음식을 과다하게 섭취함으로써 비만이 될 우려가 많다. 따라서, 명상을 통해 효과적으로 스트레스를 대처할 수 있는 역량을 길러 줌으로써 코르티솔 분비를 최소화하여 비만을 예방할 수 있다.

다섯째, 명상을 하면 두통 등 각종 만성 통증을 감소시킬 수 있다. 즉, 명상을 통해 신체 조절 작용이 개선되어 스스로 신체가 되유되는 것은 물론, 통증에 대한 주의 초점이 다른 곳으로 이동하기 때문에, 각종 만성 통증 환자의 증후가 개선될 수 있다.

여섯째, 명상을 하면 사고 작용을 멈추는 훈련을 할 수 있다. 즉, 명상은 일상적으로 인간이 가질 수 있는 자기와 세계에 대한 인식의 틀(관점)을 멈추게 함으로써 습관적이고 자동적으로 인식하지 않고 자기와 세계를 있는 그대로 경험할 수 있는 기회를 제공할 수 있다.

일곱째, 명상을 하면 삶에 대한 태도가 바뀌고 건전한 가치관과 인생관을 가질 수 있다. 즉, 명상을 통해 일상의 작은 문제보다는 전체적인 상황을 보는 시야가 넓어지고 특정 사건에 대한 인과관계에 대한 통찰력이 향상되는 등 지혜가 생길 수 있다.

여덟째, 명상을 하면 텔로미어(telomere)의 길이가 길어져 노화를 지연시키고 치매를 예방할 수 있다. 생명 노화 과정을 촉진시키는 '유리기'라는 활성산소 발생을 억제하고 텔로머라아제(telomerase)라는 효소의 활동성을 높임으로써 두뇌의 노화를 예방할 수 있다.

아홉째, 명상을 하면 독감, 암 등 살상세포(killer cells)나 NK세포라는 면역세포의 수치를 증가시킴으로써 병균을 퇴치할 수 있다. 이 외에도 명상을 통해서 제2형 당뇨병, 퇴행성 관절염, 알레르기 관련 질병, 피부병, 만성 피로 증후군, 소화기 계통 질병 등 신체의 전반적인 기능이나 면역기능을 개선할 수 있다.

열째, 명상을 하면 특정 개념이나 대상에 집중하는 능력이 향상되어 학습 능력과 기억 능력이 증진될 수 있다. 또한, 명상을 통해서 창의적인 아이디어를 브레인스토밍(brainstorming)하는 창의성도 향상시킬 수 있다.

열한째, 명상을 하면 공격성이 감소하고 불안감이나 공포심도 줄어든다. 즉, 일반적으로 심각한 스트레스 상태나 공포 상태에 부딪혔을 경우 우측 전두엽과 편도체가 과도한 흥분 상태를 보이기 때문에, 명상을 통해서 좌측 전두엽을 활성화 시키고 편도체의 활동을 낮출 수 있다.

열둘째, 명상을 통해 집착에서 벗어나고 타인을 사랑하고 용서하는 너그러운 마음을 갖게 된다. 명상을 하면 자신의 감정을 정화하는 용서 상태를 만들고 과거의 상처나 고통을 치유함으로써 타인에 대한 자비심까지 가질 수 있다.

　열셋째, 명상을 하면 과거에 별로 관심을 두지 않았던 일들에 관심을 두게 되어 자신과 타인에 대한 알아차림 능력을 기를 수 있다. 즉, 명상을 통해서 자신이나 남들의 마음에 대한 이해 능력이나 알아차림 능력을 향상시킬 수 있다.

　열넷째, 명상을 통해서 영적인 깨달음을 추구할 수 있기 때문에, 자신의 존재 이유 즉, 삶의 목적을 발견하는데 도움을 줄 수 있다. 따라서, 명상을 하면 의미있고 가치있는 일에 좀 더 헌신적으로 봉사하는 인생의 목표를 설계할 수 있다.

4장 명상 실습 준비

1. 명상 동기 부여 방법

명상을 지속적으로 실천하기는 쉽지 않다. 지속적인 명상 실천을 위해서는 무엇보다는 동기 부여가 중요하다. 이러한 동기 부여를 위한 방법은 다음과 같다(권수련, 2018; 장현갑, 2013).

첫째, 명상을 실천하기 위한 자기 나름의 이유나 목적을 가지고 구체적인 목표 목록을 작성하거나 명상을 통해 성취했을 때의 자신의 모습을 상상해 봄으로써 동기 부여가 될 수 있다.

둘째, 명상의 시작은 '자기 자신에 대한 탐구' 즉, '자아' 개념을 탐구하려는 열망이 있어야 한다. 즉, 명상을 효과적으로 잘하기 위해서는 나는 누구인가?, 나는 어디서 왔다가 어디로 가는가?, 나는 왜 사는가? 등과 같은 삶에 대한 근본적인 질문들에 대한 답을 얻고자 하는 열망이 있어야 한다.

셋째, 명상을 위한 나만의 의식(ritual)을 만들면 명상의 효과도 극대화되고 동기 부여가 될 수 있다. 예를 들면 조용한 장소에서 방석을 깐 후, 촛불을 켜고 커튼을 내리고 자리에 낮은 후, 전깃불을 끄는 등 일련의 의식을 거친 후 명상에 들어가면 명상을 즐기면서 즐겁게 실시할 수 있다.

넷째, 명상을 처음 실시하는 사람이나 매우 외향적인 사람은 가만히 앉아서 하는 정좌명상을 하기기 싫지 않기 때문에, 동적 명상(active meditation)으로 변형하여 실시할 필요가 있다.

다섯째, 명상을 잘 하기 위한 PDCA(plan-do-check-action) 성찰 일기를 쓰면 자신의 명상 생활 습관을 이해할 수 있고 동기 부여도 가능하다. 예를 늘면, 1달간, 1주간, 1일 명상 계획을 수립하고 그에 따라 실친한 후, 점점 및 반성을 통해 자신의 생각과 느낌을 기록한 후, 다시 명상을 재실행하는 과정을 거침으로써 동기 부여가 될 수 있다.

여섯째, 명상을 효과적으로 잘 하기 위해서는 명상 멘트(ment), 명상 유도문, 명상 음성 및 영상 파일 등 명상 보조 자료가 필요하다. 이러한 명상 보조 자료는 명상 순서 및 절차, 호흡 속도 등을 자세하게 안내되어 있기 때문에, 명상 초보자도 쉽게 명상을 따라할 수 있다.

일곱째, 명상을 혼자서 지속적으로 하기가 쉽지 않기 때문에, 명상을 좋아하면서 '나'와 함께 명상을 할 수 있는 마음이 맞는 동료, 명상 지도자 등 도반(道伴)과 함께 명상을 시작하는 것이 필요하다.

2. 명상 실습을 위한 마음 자세

명상의 효과를 극대화하기 위해서는 명상을 하기 위한 마음 자세가 매우 중요하다. 명상을 온전히 경험하고자 한다면 잠시 자신의 판단은 내려놓고 그저 현상을 있는 그대로 알아차림 하는 습관부터 가져야 한다. 명상 실습에 임하는 마음 자세를 살펴보면 다음과 같다(권수련, 2018; 김윤탁, 2018; 장현갑, 2013).

첫째, 명상을 통해 경험하는 모든 것은 전혀 버릴 것이 없고 그 자체로 온전한 가치를 가지기 때문에, 명상을 성취나 향상의 개념으로 볼 필요가 없다. 즉, 명상하려는 의도를 내려놓고 그저 있는 그대로 명상의 대상을 바라보고 알아차림 하다 보면 어느 순간에 현상에 대한 보편성을 꿰뚫는 지혜가 드러날 것이다.

둘째, 긴 시간 명상을 하지 않더라도 10분 정도의 짧은 명상으로도 명상의 효과가 나타날 수 있다는 신념을 가지고 자투리 시간이나 조용한 휴식 시간을 명상의 시간으로 활용하려는 마음가짐이 필요하다.

셋째, 명상을 통해서 너무 많은 변화를 기대하거나 단기간의 짧은 시간을 통한 명상의 효과를 기대해서는 안 된다. 즉, 매일 자신에게 주는 '선물'의 하나로서 명상의 인식을 바꾸려는 태도는 물론, 명상의 효과를 기다리면서 인내하는 마음가짐도 필요하다.

넷째, 바쁜 일상생활 속에서도 명상을 하지 못하는 핑계를 대기 보다는 매일 규칙적으로 명상을 실천하려는 마음가짐을 가져야 한다. 이러한 규칙적인 명상을 통해서 바쁜 생활 속에서 지친 몸과 마음을 이완된 편안한 상태를 만들어주는 줄 수 있다.

다섯째, 명상은 나 자신과의 경쟁, 타인과의 경쟁하려는 마음으로는 명상의 효과를 거둘 수 없고 자꾸 경쟁심을 부추기면 오히려 몸과 마음이 긴장될 수 있다.

여섯째, 명상 초보자가 스트레스를 받은 상태에서 명상을 하게 되면 오히려 마음이 흔들려 안정을 취할 수 없기 때문에, 스트레스가 낮은 상태에서 명상을 시작하도록 추천해야 한다.

일곱째, 명상을 하기 전에 특정한 기대나 목표를 가지고 명상을 시작해서는 안 된다. 특정한 기대나 목표를 가지고 명상을 하면 마음이 방황이 심해지고 오히려 마음의 안정이 되지 못하는 등 역효과가 나타날 수 있기 때문에 주의할 필요가 있다.

여덟째, 오랜 기간 동안 명상을 실천한 전문가는 타인에 대한 비판을 삼가고 보다 수용적이고 관용적이며 겸손한 태도를 가져야 한다.

아홉째, 명상은 지금 이 순간을 충실히 알아차림 하고 살아가는 마음 훈련이기 때문에, 명상하는 과정에서 명상의 진행 단계를 분석적으로 바라보아서는 안 된다. 너무 지나치게 분석적으로 명상을 하게 되면 무언가를 생각하고 있다거나 의식의 초점을 놓치기 쉽기 때문에, 지금 내 마음 속에 생각이 일어나고 있다는 것을 그냥 인정하고 이 생각들에 사로잡혀 가지 말고 저절로 사라시게 내버려 두이야 한다.

끝으로, 명상을 통해서만 현상의 본질을 꿰뚫는 지혜가 있는 깨달음을 얻는 것이 아니라는 것을 인식해야 한다. 즉, 전혀 앉아서 명상을 하지 않더라도 다른 방법으로도 현상의 본질을 꿰뚫는 지혜를 얻어서 깨달을 수 있다는 것을 명심해야 한다.

3. 명상 실습을 위한 몸 자세

명상의 효과를 극대화하기 위해서는 명상을 하기 위한 몸 자세가 매우 중요하다. 이러한 명상의 몸 자세는 크게 선 자세, 앉은 자세, 누운 자세 등 <표 Ⅳ-4>와 같이 구분할 수 있다(권수련, 2018).

<표 Ⅳ-4> 명상을 위한 몸 자세

구분	특징
선 자세	· 자세를 유지하기 어렵고 에너지 소모가 많음 · 근골격에 상당한 부담을 줄 수 있기 때문에, 알아차림과 집중에 방해가 될 수 있음 · 행선(行禪) 또는 경행(徑行) : 걷기 명상
누운 자세	· 자세를 유지하기 쉽고 에너지 소모가 적음 · 쉽게 잠들거나 알아차림을 놓치기 쉬움 · 안락함 자체의 감각을 즐길 위험에 빠질 수 있음 · 와선(臥禪) : 맨바닥이나 얇은 매트 활용 · 체력 소모가 적음 · 명상 초보자, 집중력 약한 사람, 몸이 경직된 사람, 환자 등 · 무릎을 세우고 무릎 사이에 주먹 하나가 들어갈 정도의 공간 유지한 채 양손을 배에 얹어 무릎과 팔 모양 유지
앉은 자세	· 선 자세와 누운 자세의 단점 보완 · 너무 안락하지도 않고 너무 불편하지도 않은 적절한 자세 · 척추가 중립인 상태에서 머리가 몸통 중심에 놓여있는 상태 · 좌선(坐禪) : 평좌, 결과부좌, 반가부좌, 의자에 앉은 자세 등

특히, 좌선은 다시, 평좌, 결가부좌, 반가부좌, 의자에 앉은 자세 등으로 <표 Ⅳ-5>와 같이 구분할 수 있다. 좌선을 할 때에는 지속적으로 앉아서 명상을 하기 때문에, 골반 변형이 오기 쉬우므로 주기적으로 다리 위치를

<표 Ⅳ-5> 좌선의 유형

구분	특징
평좌	• 양쪽 발등이 둘다 바닥에 닿게 앉는 자세 • 몸 안쪽 발뒤꿈치는 회음부 부위에 닿게 앉음 • 어느 발을 앞으로 할지는 자신의 취향대로 함
결가부좌	• 앉은 자세에서 한쪽 다리를 구부려 반대쪽 허벅지 깊숙이 올리고 반대쪽 다리를 그 위에 올려놓음 • 오른발은 왼쪽 허벅지 위에 올리고 왼발은 오른쪽 허벅지 위에 올리는 자세 • 몸은 마치 잘 맞은 퍼즐처럼 짜임새가 공고해지는 느낌이 들면서 몸과 마음이 편안해져 명상하기에 가장 좋은 자세 • 명상 전문가에게 효과적 • 붓다의 명상 자세 : 여래좌, 불좌
반가부좌	• 앉은 자세에서 왼발 뒤꿈치를 회음부 부위로 가져다 놓고 오른발을 들어 왼쪽 허벅지 위에 올림 • 한쪽 발만 다른 쪽 허버지 위에 올려놓는 자세 • 명상 초보자에게 효과적 • 골반 변형이 생기기 쉽고 눌린 다리가 저리기 쉬움
무릎 꿇고 앉는 자세	• 발목이나 무릎에 과도한 자극이 가해져 통증 및 긴장이 심할 수 있음 • 엉덩이 밑에 블록이나 쿠션을 깔고 앉음
의자에 앉은 자세	• 골반이 경직된 사람에게 효과적 • 등받이가 없는 의자에 앉거나 등받이에 등을 기대지 않음

앞뒤나 위아래로 바꾸어 줄 필요가 있다. 또한, 좌선은 척추가 수직인 상태가 가장 안정적이고 에너지 효율이 높기 때문에, 엉덩이 밑에 매트나 쿠션을 깔거나 무릎 밑에 매트를 깔아주면 척추 자세가 수직으로 유지할 수 있고 혈액순환 개선에도 효과이다. 이 외에도 특정한 좌선을 고집하기 보다는 자신의 몸에 가장 적합한 자세 즉, 가장 편안하게 느껴지는 자세가 가장 좋은 자세가 될 수 있다.

4. 명상 실습 준비 사항

가. 명상 공간

명상을 수행하기에 가장 이상적인 환경은 명상만을 위한 특별한 공간이나 방을 마련하는 것이다. 이러한 공간은 눈을 뜨거나 빛이 밝으면 시각적 자극이 강해져서 의식이 외부 대상으로 향할 가능성이 매우 커지기 때문에, 약간 조도가 낮은 조명을 사용하는 것이 효과적이다(권수련, 2018).

특히, 명상 초보자는 편안하고 이완감을 불러낼 수 있는 조용한 장소를 선정하는 것이 가장 이상적이다. 예를 들면 도서관, 차나 버스 등 실내에서 규칙적으로 명상을 할 수 있으면서도 방해를 받지 않는 조용한 장소를 정하면 된다(김윤탁, 2018). 이 외에도 공원 벤치, 숲속 나무 밑, 호숫가 둑 등 산책로 주변에 있는 조용한 장소에서도 명상을 하면 효과적이다(장현갑, 2013).

또한, 너무 춥거나 더우면 명상에 방해가 되기 때문에, 자신의 신체 상태에 적합한 온도를 선택하는 것이 효과적이다(권수련, 2018). 이와 더불어, 명상을 할 때에는 청바지, 쫄바지 등 몸에 꽉끼는 옷을 입기 보다는 가능한 몸을 너무 압박하지 않는 헐렁한 옷을 입는 것이 좋다(장현갑, 2013).

이 외에도 각종 냄새 등 오감을 자극하는 요소들이 덜한 환경이나 장소를 선정하여 집중력이 부족한 사람이나 소리에 예민한 사람도 명상을 할 수 있는 조용한 환경을 선정하는 것이 좋다(권수련, 2018).

한편, 명상의 방해가 되는 공간을 최소화하기 위해서는 명상을 할 때, 핸드폰 전원을 끄세요, TV나 라디오 소리를 줄여주세요, 문을 닫아주세요 등 명상 중, 방해하지 마시오와 같은 팻말을 방문 앞에 걸어 둘 필요가 있다(김윤탁, 2018).

나. 명상 시간

자신의 명상 시간을 하루 일과 시간 중에서 별도로 지정해 두고 고정적으로 실시해야만 명상을 하는 동안 주변인에게 방해를 받지 않을 수 있다(장현갑, 2013).

대체로 이른 새벽에 신체 에너지가 가장 충만하고 정신적으로 맑은 상태이기 때문에, 다른 식구가 아직 일어나지 않은 조용한 새벽 시간에 명상을 실시하면 가장 효과적이다(권수련, 2018). 만약 새벽 시간이 불가능하면 가족들이 모두 잠든 저녁 늦은 시간, 잠자리 들기 전 등 자신의 신체리듬을 고려해서 가장 편안한 시간에 명상을 할 수도 있다.

특히, 명상을 시작한지 12분 후에 체온, 호흡, 심장박동률, 혈압 등 생리적 지표가 이상적인 상태로 들어가기 때문에, 명상은 하루에 최소한 15분 이상 실시하는 것이 효과적이다(장현갑, 2013).

무엇보다도 자신이 명상을 통한 알아차림이나 집중이 잘 되었던 공간과 시간을 기억해 둘 필요가 있다. 다양한 시간대에 명상을 해본 후, 가장 편안한 시간대를 선택하고 조명, 온도, 냄새 등 공간의 분위기도 가장 편안함을 느끼는 조건으로 선택할 필요가 있다(권수련, 2018).

결론적으로 말하자면 특정한 장소에서 명상의 긍정적인 진동을 느낄 수 있기 때문에, 명상 초보자는 같은 장소와 같은 시간에서 규칙적이고 주기적으로 명상을 실시함으로써 깊은 명상을 할 수 있다(김윤탁, 2018).

5. 명상 기초 기능

가. 호흡

호흡을 통한 혈액과 산소의 공급 변화에 인간의 두뇌는 매우 민감하다. 즉, 인간의 뇌는 체중의 2%에 불과하지만 심장에서 분출되는 피의 15%를 소비하며, 인간이 호흡하는 산소의 20-25%를 사용하는 신체 부위라 할 수 있다.

특히, 호흡에 주의의 초점을 두고 호흡을 하면 스트레스에 효과적으로 대처할 수 있고 몸과 마음의 상태가 편안해 질 수 있기 때문에, 효과적인 명상을 하기 위해서는 호흡하는 방법을 배울 필요가 있다.

일반적으로 호흡은 가슴 호흡과 복식 호흡으로 <표 Ⅳ-6>와 같이 구분할 수 있다. 사자, 호랑이 등과 같은 맹수는 깊고 느린 복식호흡을 하지만, 맹수에 쫓기는 토끼, 사슴 등은 계속 불안하고 경계심L 높아 불규칙적이면서 얕고 빠른 가슴호흡을 한다.

<표 Ⅳ-6> 호흡의 유형

가슴(흉식)호흡	복식(횡격막)호흡
• 늑간근(늑골) 수축흡 • 빠르고 얕은 호흡 • 가슴이 움직이고 어깨에 긴장을 줌 • 교감신경계를 자극 스트레스 반응 • 폐포 30% 활용 • 산소와 이산화탄소간의 기체 교환 미흡 • 피로 유발	• 횡격막 수축 • 깊고 율동적, 규칙적인 호흡 • 가슴에 무리한 긴장 없음 • 부교감신경, 스트레스 해소 • 폐포 80% 활용 • 혈액순환이 원활하여 내장 마사지 효과

그중에서도 복식호흡은 숨을 들이쉬면 횡격막 근육은 수축하여 복부 쪽 아래 방향으로 내려가기 때문에, 폐 속으로 많은 산소가 들어오게 되지만, 숨을 내쉬면 횡격막 근육이 이완되어 폐 쪽 위로 움직이기 때문에, 폐에 들어온 공기가 밖으로 배출된다([그림 Ⅳ-11] 참조). 좀 더 구체적으로 설명하면 첫 번째로 코로 숨을 최대한 들이마시고 배는 부풀려준다. 두 번째로 숨을 최대한 들이마셨다면 숨을 0.5초-1초 정도 숨을 참는다. 세 번째 입이나 코로 내 몸에 있는 모든 숨을 최대한 길게 내뱉는다.

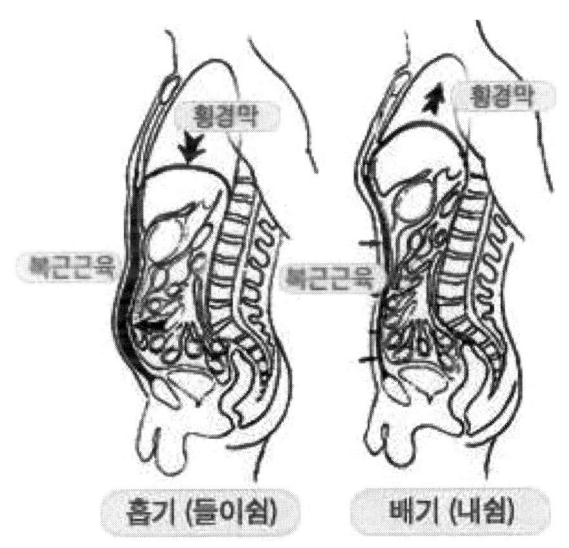

[그림 Ⅳ-11] 복식 호흡 방법

복식호흡을 하면 다음과 같은 장점이 있다. 첫째, 복식호흡을 하게되면 긴장을 이완시켜 스트레스로 인한 교감신경의 활동을 완화하여 부교감신경을 활성화시키기 때문에, 자율신경의 불균형을 막고 생채내의 각종 호르몬계를 조정하여 그 소화를 유시할 수 있다. 둘째, 복압의 치이는 내장을 자극해 마사지를 하기 때문에 내장 속에 있는 지방을 연소하기 쉬워질 수 있다. 이렇게 장의 연동운동이 좋아지면 소화액과 호르몬 분비를 원활하게 만들어서 소화와 배변 활동이 활발해진다. 셋째, 횡경막을 크게 부풀리는 과정에서 폐의 움직임도 커져서 산소와 이산화탄소의 교환이 평소보다 더 활발해지기 때문에, 숨을 깊이 쉬면 그만큼 산소공급이 잘 되기 때문에 뇌기능이 활발해진다. 넷째, 화가 나거나 긴장, 불안, 초조한 감정을 느낄때는 호흡이 거칠어 지기 때문에, 숨을 깊이 들이마셨다가 내쉬는 호흡에 집중하면 부드러운 호흡이 되면서 감정조절의 효과가 있다.

한편, 자신의 호흡 패턴을 스스로 알아본다는 것은 스트레스에 의한 나쁜 영향을 알아차릴 수 있는 1차적 단계이기 때문에, 스트레스에 대한 자신의 신체, 감정, 정신적 반응 등 호흡 패턴을 <표 Ⅳ-7>와 같이 확인할 수 있다(장현갑, 2013).

<표 Ⅳ-7> 호흡 패턴 확인 방법

호흡 패턴 자가 질문
• 들숨과 날숨의 균형이 이루어지고 있는가? • 들숨이 날숨보다 더 길거나 짧은가? • 들숨을 쉴 때 충분한 공기를 들이 마쉬는가? • 숨을 쉴 때 아랫배가 움직이는가? • 숨을 쉴 때 가슴이 움직이는가? • 숨을 쉴 때 아랫배와 가슴이 동시에 움직이는가?

호흡 패턴을 확인하게 되면 복식 호흡은 다음과 같은 순서로 실제 실습할 수 있다(장현갑, 2013). 먼저 편안한 자세로 앉아서 등을 기대고 앉은 채 호흡 패턴을 관찰한다. 둘째, 숨을 쉴때마다 횡격막이 움직이기

때문에, 숨을 들이 마실 때 손이 위로 올라갈 것이고 숨이 내쉴 때는 손이 아래로 내려가는 것을 확인한다. 셋째, 호흡을 계속하면서 손이 위로 올라갔다가 아래로 내려가는 것에만 주의의 초점을 둔다. 넷째, 앉아서 하는 복식호흡을 5-10분 동안 연습한다. 다섯째, 가만히 누워서 가벼운 책 한 권을 아랫배 위에 올려놓고 천천히 깊이 들이마시고 내쉬는 호흡을 한다. 다섯째, 호흡과 함께 아랫배에 놓인 책이 위아래로 움직이는지 확인한다. 여섯째, 누워서 하는 복식호흡을 5-10분 동안 연습한다.

나. 이완

이완(relaxation)은 긴장 수준과 스트레스 수준을 낮추어 스트레스를 극복하는 방법이다. 이러한 이완 훈련의 목적은 스트레스에 의한 부정적인 신체 증상을 줄이거나 방지하고, 스트레스 상황에서 불안과 긴장 수준을 낮추는 것이다. 즉, 긴장을 느끼면 교감신경계가 활동하여 심장 박동이 빨라지고, 숨이 가빠지며, 혈압이 올라가는 반면에 긴장이 줄어들면 부교감신경계가 활동하여 호흡이 느려지고, 심장 박동이 느려지며, 혈압이 낮아진다. 이와 같이 부교감신경의 활동은 교감신경 활동에 의해 긴장된 활동을 안정 상태로 정상화시킬 수 있다([그림 Ⅳ-12] 참조).

특히, 이완 기법에는 이완법, 요가, 목욕, 취미생활, 마사지, 자율 훈련, 마음챙김 명상, 호흡법, 심상법, 점진적 근육 이완법 등이 있다. 이완을 위해서는 어떤 방법이든 자신에게 가장 적절한 것을 선택하여 꾸준히 활용하는 것이 중요하다.

이완 방법 중에서 가장 효과적인 방법은 등을 대고 딱딱하거나 나무 침대, 바닥에 누워서 하는 자세가 가장 좋다(김윤탁, 2018). 첫째, 누운 자세에서 자리가 잡히면 깊은 심호흡을 몇 번 실시한다. 둘째, 깊게 호흡하며 발을 쭉 펴고 깊이 들이마시면서 다리를 힘을 주어 쭉 편다.

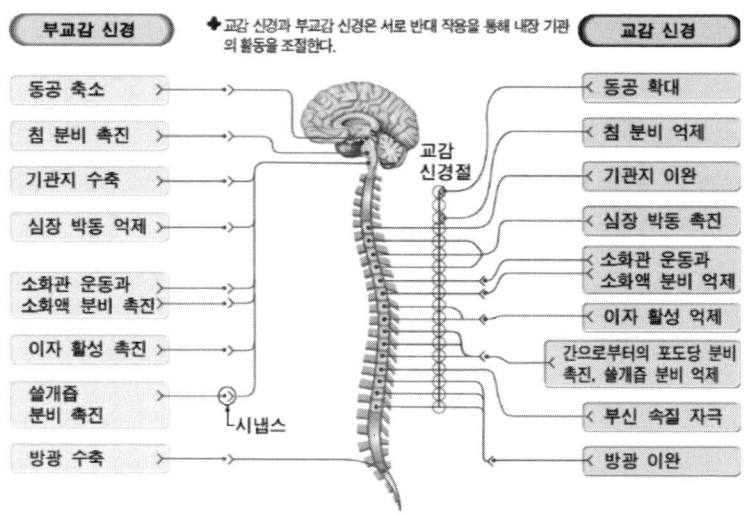

[그림 Ⅳ-12] 자율신경계의 유형

주먹, 어깨, 발가락 등 모든 근육을 수축시키면서 어떠한 반응이 일어나는지 느낀다. 넷째, 깊은 호흡과 스트레칭을 잠시 멈추고 자신의 감각을 상세히 추적해서 느낀다. 다섯째, 호흡과 스트레칭을 풀고 숨을 내쉬면서 쭉 편 다리의 모든 근육이 풀어지게 한다. 여섯째, 깊은 호흡과 근육 스트레칭 두가지를 양 팔과 양 다리에 하나씩 번갈아가면서 한다. 일곱째, 호흡과 스트레칭을 느린 동작으로 실시하면서 모든 근육이 선명하게 보인다는 상상을 한다. 여덟째, 자신의 감각을 관찰하고 무슨 일이 일어나는지 철저히 알아차릴 때까지 자세를 유지하고 그 후에 느린 동작을 놓아버린다. 이러한 이완의 시간은 15분-30분 정도가 가장 적당하다.

또한, 점진적 이완법(progressive relaxation)은 에드먼드 제이콥슨(Edmund Jacobson)이 개발해 발전시켰다. 처음에는 수술 전 환자들이 보이는 스트레스와 목과 등의 근육 긴장을 줄이기 위해 사용되다가 1950년대 조지프 울페(Joseph Wolpe)에 의해 간략한 형태의 점진적 이완법이 개발되었다(김정호, 김선주, 2002). 점진적 근육 이완법의 목적은 두

가지다. 첫째, 긴장감과 이완감을 구분할 수 있도록 하고, 어떤 근육이 긴장하는지를 알게 하는 것이다. 둘째, 모든 근육을 이완시키는 방법을 가르치는 것이다. 점진적이라는 말은 모든 중요한 근육을 한 번에 하나씩 이완시켜 궁극적으로 모든 근육을 이완시킨다는 것을 의미한다(장현갑, 강성군, 2003).

특히, 점진적 이완은 모든 중요 근육을 이완시키기 위해 사용될 수도 있고, 몇몇 근육만을 이완시키기 위해 사용될 수도 있다. 가령 하루 몇 시간씩 컴퓨터 앞에 앉아 작업하는 사무원은 목이나 어깨가 뻐근해질 때 목과 어깨 근육을 푸는 이완을 할 수도 있다.

근육 이완은 조용하고 편안한 장소에 앉아 목이나 어깨의 근육과 같은 특정 신체 부위의 근육을 이완시키는 방법을 배우면 된다. 호흡 훈련을 함께 실시하면 이완 기간을 점점 더 연장시킬 수 있고 숨을 내쉼과 동시에 근육이 저절로 이완되도록 조건화함으로써 숨을 내쉬는 동시에 모든 근육의 긴장이 낮아지면서 완전한 이완 상태로 들어갈 수 있다. 구체적인 점진적 이완법의 순서와 단계는 <표 Ⅳ-8 >와 같다.

<표 Ⅳ-8> 점진적 이완법 순서 및 단계

구분	특 징
준비 (1단계)	- 등이 편한 의자나 소파에 앉거나 침대나 바닥에 눕는다. - 온몸에 힘을 빼고 최대한 편안하게 한다. - 눈을 감는다. - 깊게 숨을 들이마시고 내뱉는 것을 3회 반복한다.
발과 종아리 (2단계)	- 발끝이 얼굴 쪽을 향하도록 당기고 몇 초간 유지했다가 원상태로 돌린다. - 반대로 발끝이 바닥을 향하도록 밀고 몇 초간 유지했다가 원상태로 돌린다.

척추 (3단계)	- 두 발을 모은 상태에서 다리를 쭉 펴고 다리와 무릎 아래가 바닥에 닿도록 아래로 밀어서 몇 초간 머문다. - 반대로 부드럽게 무릎을 들어올리고 다리를 원상태로 돌린다. - 배를 강하게 조여서 몇 초간 유지한 후 원상태로 돌린다. - 엉덩이와 항문을 꽉 오므린 후 몇 초간 유지한 후 원상태로 돌린다. - 양 팔꿈치를 반대편 손으로 잡고 팔을 머리 위로 들어올린다. - 머리를 뒤로 젖히면서 등을 둥글게 말아 들어올려 몇 초간 유지한 후 머리를 바로 하고 등을 펴고 팔을 배 위에 내려놓는다.
어깨 (4단계)	- 어깨를 귀에 닿게 한다는 느낌으로 들어올렸다가 천천히 원상태로 내린다. - 손바닥을 다리에 붙여 가능한 강하게 눌러 몇 초간 유지했다가 원상태로 돌린다.
손과 발 (5단계)	- 양주먹을 꽉 쥐고 몇 초간 유지했다가 원상태로 돌린다. - 양손을 꽉 쥔 채 팔꿈치를 구부려 어깨를 누르고 몇 초 유지했다가 원상태로 되돌린다.
머리와 목 (6단계)	- 어깨를 바닥에 붙이고 고개를 숙여 턱이 가슴에 닿도록 몇 초간 유지하고 머리를 원상태로 돌린다. - 어깨를 바닥에 댄 채 머리를 뒤로 젖혀서 정수리가 바닥에 닿도록 유지했다가 원상태로 돌린다. - 머리를 오른쪽으로 부드럽게 돌려서 오른뺨이 바닥에 닿도록 하고 반대로도 한다.
얼굴 (7단계)	- 얼굴 모양이 일그러지고 이맛살이 찌푸려질 정도로 강하게 찡그린 후 몇 초간 유지했다가 원상태로 돌린다. - 입과 눈을 가능한 크게 벌려 얼굴을 위아래로 늘려 편 후 몇 초간 유지했다가 원상태로 돌린다.

자율 훈련법(auto-genic training)은 훈련자 자신이 자신에게 이완에 관한 언어적 지시를 주어 이완할 수 있도록 하는 방법을서, 신체가 스스로

균형을 유지하려고 하는 생리적 현상인 항상성 기제(homeostatic mechanism)를 활성화시켜 준다(장현갑, 강성군, 2003). 독일의 심리치료학자 요하네스 슐츠(Johannes Schultz)와 그의 제자 루테(Luthe)에 의해 개발되었다. 자율 훈련을 실시하면 말초혈관의 혈행이 좋아지고 근육의 긴장이 줄어 신체가 편안해지고 마음이 진정되면서 이완된다. 명상이 마음을 편안하게 해서 신체에 이완 효과를 가져오는 방법이라면, 자율 훈련은 신체에서 출발해 몸과 마음을 이완시키는 방법이다. 구체적인 자율 훈련법의 절차는 [그림 IV-13]과 같다(김정호, 김선주, 2002).

| 훈련 1 팔과 다리가 무거워지는 감각에 집중 |
| 훈련 2 팔과 다리가 따뜻해지고 무거워지는 감각에 집중 |
| 훈련 3 심장부분 따뜻해지고 무거워지는 감각에 집중 |
| 훈련 4 호흡에 집중 |
| 훈련 5 복부가 따뜻해지는 감각에 집중 |
| 훈련 6 이마가 시원해지는 감각에 집중 |

[그림 IV-13] 자율 훈련법 절차

이 외에도 심상 훈련(image training)은 따뜻한 햇볕이 내리쬐는 초원에 편안히 누워 있는 자신을 상상하는 것과 같은, 일종의 백일몽을 스스로 만들어가면서 이완을 시도하는 훈련이다. 이런 상상 속에서 부드러운 초원에 실제로 누워 느낄 수 있는 온갖 아늑한 이완감을 만끽할 수 있다. 심상 훈련을 실시하기에 앞서 3-5분간 이완법을 먼저 실시하고 이 기법으로 들어가는 것이 좋다. 이 훈련이 끝나면 천천히 호흡하면서 자신의 현실세계를 2-3분간 그린 후 깨어나게 한다(장현갑, 강성군, 2003).

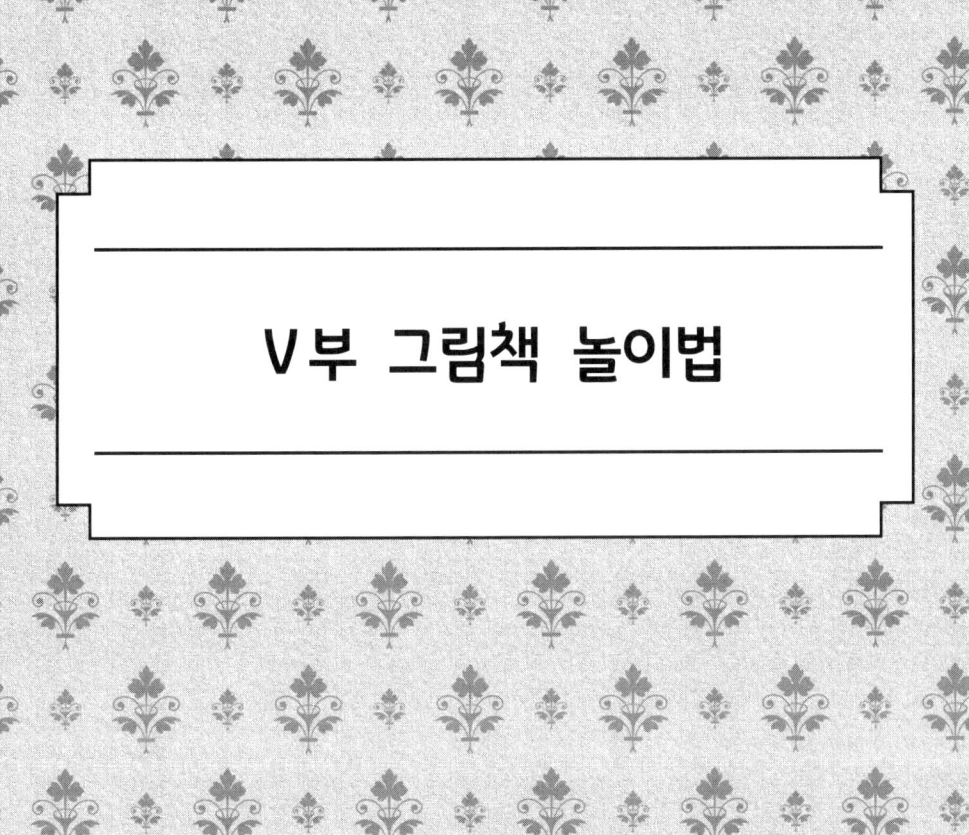

V부 그림책 놀이법

1장 영유아 그림책 놀이

1. 영아의 발달 특성에 따른 그림책 놀이법

가. 영아기(0-36개월)발달 특성

영아들은 이 시기에 큰 변화를 겪는다. 신체적으로는 태어났을 때보다 3-4배의 몸무게의 증가와 의사소통이 가능해질 정도의 언어발달이 이루어지게 된다. 이렇게 눈에 보이는 변화가 가능해지는 것은 뇌에서의 변화가 극적으로 일어나기 때문이다.

아기는 태어날 때 약 350g인 뇌의 무게가 만 2세경에 세 배 이상으로 증가하고 이는 성인의 75%에 달한다. 태어난 직후의 아기들은 뇌에 1,000-2,000개의 뉴런이 있는데 이 뉴런들을 연결하는 시냅스는 50조 개 이상이지만 이 정도의 시냅스는 일상생활 정도의 기능밖에 할 수 없다. 아기가 걷고 말하고 사람을 알아보는 등의 발달을 하기 위해서는 출생 후 3년간 무려 1천조 개의 시냅스가 만들어진다. 이 과정에서 '경험'이 중요한 역할을 하게 된다. 아기들이 경험하는 자극들이 아기들의 뇌에서 시냅스를 만들고 또 강화하기도 하고 더 이상 사용되지 않는 시냅스들은 제거되기도 한다.

아기들에게 스트레스가 없고 재미있게 배우고 시도할 수 있는 환경을 제공하는 것이 바로 '놀이'인 것이다.

놀이는 아기들이 몰두할 수 있는 재미있는 활동이고 목적을 가지고 가르치는 것이 아니다. 이 시기 아기들의 놀이 방법은 다양하다. 정해진 규칙은 물론 없거니와 아기와 관련된 모든 활동이 놀이가 될 수 있다. 어른의 표정을 관찰하며 따라 하는 것도 놀이이고 장난감을 탐색하거나 일상생활에서 접하는 모든 것이 놀이가 될 수 있다. 또한 간단한 말에 반응하며 웃는 것도 놀이가 될 수 있는 것이다. 아기가 어떤 방법으로 놀고 싶어 하는지 자발적으로 선택할 수 있도록 기회를 주어야 한다.

나. 발달에 따른 그림책 놀이법

1) 영아의 신체발달

손으로 물건을 잡을 수 있고 손에 쥔 물건을 다른 한 손으로 옮겨 잡을 수 있다.
고개를 가눌 수 있고 자기 몸을 가지고 논다.
붙잡고 일어나고 걷기 시작하며 적극적인 탐색을 한다.
선을 따라 똑바로 걷는다.
신체적 활동이 활발해진다.

글·그림: 최숙희
출판사: 푸른숲주니어
책소개:
전통 육아법 '단동십훈'을 사랑스러운 그림과 감동적인 이야기로 풀어낸 아기 그림책

<그림책1. 곤지곤지잼잼>

놀이법

▷마음열기
곤지곤지, 잼잼, 도리도리, 불아불아, 달강달강, 섬마섬마, 에비에비, 아함아함, 짝짜꿍짝짜꿍, 질라아비 훨훨 질라아비 훨훨
(단동십훈을 노래나 라임으로 불러준다.)

▷그림책열기
자다 깬 아기가 울어요 으앙.
강아지랑 캥거루랑 악어랑 고릴라랑,,,,,,아기를 달래주네요.
손가락으로 책 속 동물들을 가리키며 또 아기손을 잡고 곤지곤지 잼잼 등의 동작을 따라 할 수 있도록 도와준다.

▷생각열기
책 속 동물들이 아기에게 했던 말처럼 아기에게 직접 스킨십을 하며 따뜻한 어조로 도리도리 귀여운 우리 아가, 슬기롭게 자라라. 불아불아 햇님같은 우리 아가, 밝은 빛이 되어라.

2) 신체발달에 따른 그림책 선정 기준

동작을 따라 할 수 있는 움직임을 담은 그림책
입으로 빨아도 세탁할 수 있는 형태의 헝겊책
가지고 다니기에 적당하게 손잡이가 달린 책
감각적 경험을 할 수 있는 촉감책

글:백연희 / 그림: 주경호
출판사: 길벗어린이
책소개:
여러 가지 몸놀이를 하며 마음먹은 대로 자신의 몸을 움직여 보는 것은 새로운 경험이고 자신감을 키워 준다.

<그림책2. 뒹굴뒹굴 짝짝>

▷마음열기
손뼉을 손뼉을 짝짝/두팔을 들고 만세/기고 기고 짝짝/엉금엉금 짝짝/뒹굴뒹굴 짝짝
(라임으로 부르며 아이가 동작을 따라 하도록 도와준다.)

▷그림책열기
-몸으로 동물흉내 내보기.
물개처럼 박수를 쳐볼까? 짝짝
고양이처럼 만세를 불러볼까? 만세
원숭이처럼 넘어져 볼까? 꽈당

▷생각열기
거북이처럼 기어볼까? 엉금엉금
토끼처럼 뛰어볼까? 깡충깡충
데구르르 굴러보자
쿵쿵쿵 걸어보자

3) 영아의 언어발달

언어의 기초가 발달하며, 쿠잉, 옹알이시기를 거쳐 소리를 만들며 놀기도 하는 등 음성놀이를 즐기게 된다.
억양이나 소리, 크기를 감정에 따라 조절할 수 있다.
그림책에서 일어나는 상황이나 행동을 이야기할 수 있다.
운율, 리듬, 노래를 즐긴다.

글: 나는북 / 그림: 공해지
출판사: 애플비
책소개:
꼬리에 꼬리를 무는 즐거운 말놀이를 통해 어휘력을 길러 준다

<그림책3. 둥글게 둥글게>

놀이법

▷마음열기
원숭이 엉덩이는 빨개-빨가면 사과-사과는 맛있어-맛있으면 바나나-바나나는 길어-길으면 기차-기차는 빨라-빨르면 비행기-비행기는 높아-높으면 백두산!

▷그림책열기
질문하듯 책을 읽어준다.
(교사) 둥둥 하늘 높이 떠있는 건 뭐가 있을까? (유아)햇님.
쨍쨍 햇님은 세상을 환하게 밝히지.
(교사) 환하게 밝히는 건 뭐가 있을까?(유아) 가로등.
어미에 연결되는 단어들이 꼬리를 물며 나오는 재미를 느낀다.

▷생각열기
둥글게 둥글게 동요를 부르며 율동을 한다.
여러명이 있는 경우 둥글게 서서 율동을 한다.

4) 영아의 언어발달에 따른 그림책 선정 기준

의성어나 의태어가 많이 나오는 그림책

운율이나 리듬이 들어간 그림책

예측하기 쉬운 책

글·그림: 다다히로시 / 옮긴이: 정근
출판사: 보림
책소개:
숲속에 떨어진 커다란 사과 한 알을 동물들이 사이좋게 나누어 먹는다. 단순하고 경쾌한 구조와 반복적인 내용으로 어휘력을 자극한다.

<그림책4. 사과가 쿵>

놀이법

▷마음열기
(손놀이를 한다)커다란 사과 하나 어떻게 할까?
혼자 먹을까? 아니야 아니야
반으로 탁 잘라서
나 한 입 냠냠냠 너 한입 냠냠냠

▷그림책열기
사각사각 야금야금 쪽쪽쪽 냠냠냠 아삭아삭 우적우적 등 먹을 때 나는 다양한 소리를 감상해본다.
소리에 따라 입모양 등의 표현이 달라지는 느낌을 안다.

▷생각열기
풍선 사과 따기 놀이를 한다. 먼저 작은 물풍선을 불어 머리카락에 문질러 마찰을 일으켜 벽에 붙인다.
긴 막대 풍선을 불어 나무(벽)에 주렁주렁 매달린 사과를 따서 나 한입 너 한입 냠냠 쪽쪽 맛있게 먹는다.

5) 영아의 인지발달

놀이 교구 등을 입으로 가져가거나 만져보아 탐색한다.
5~6개월경 친숙한 물건을 알아보기 시작하며 물체가 없어지는 상황을 탐색한다.
대상영속성 개념이 형성되는 시기이다.
감각기관이 빠르게 발달한다.
36개월경 사물의 일부를 보고 이름을 말할 수 있다.

글·그림: 김경미
출판사: 웅진주니어
책소개:
숨은그림찾기 하듯이 숫자를 익힐 수 있는 그림책.
보호색에 가려져 있는 곤충의 개수를 찾으며 숫자를 익힐 수 있다.

<그림책5. 곤충친구 123>

놀이법

▷마음열기
큰 소리로 1-10까지 숫자를 세어본다.
또 귀뚜라미, 잠자리, 나비, 벌, 장수풍뎅이 등 알고 있는 곤충들의 이름을 말해본다. 본 적이 있는 곤충들은?

▷그림책열기
- 표지를 탐색한다.
깜깜한 밤에 무언가가 날아다니네
엉덩이에서 반짝반짝 빛이 나는 곤충은 무엇일까요?
- 책 속 배경을 자세히 탐색해 본다.
노란꽃밭, 나무, 고추밭 등에 누가 숨어있는지, 몇 마리가 보이는지 찾아본다.

▷생각열기
책 속 곤충들을 떠올리며 노래를 해본다.
(눈은 어디 있나? 요기, 노래를 개사)
달맞이꽃에 누가 있나? 나비
고추밭에 누가 있나? 잠자리
벼이삭에 누가 있나? 메뚜기 등

6) 영아의 인지발달에 따른 그림책 선정 기준

글보다는 그림의 비중이 높은 책
간접화법보다는 직접화법
친숙한 사물이나 그림이 있는 그림책

글: 마야 / 그림: 이은주
출판사: 이룸아이
책소개:
부지런한 쥐가 찍찍. 힘이 센 소가 음매. 동물들의 얼굴 가면을 쓰고 이름을 말해보고 소리를 내어본다.

<그림책6. 까꿍! 열두 띠 동물 가면놀이>

놀이법

▷마음열기
손으로 가리고 손으로 가리고 오른쪽으로 가면 엄마가 있어요. 까꿍!
손으로 가리고 손으로 가리고 왼쪽으로 가면 아빠가 있어요. 까꿍! (할머니, 할아버지, 언니, 오빠 등으로 목소리도 어울리게 바꿔가며 부른다.)

▷그림책열기
표지를 탐색한다. 누구의 얼굴일까?
까꿍! 나는 부지런한 쥐야 찍찍
까꿍! 나는 힘이 센 소야 음메
까꿍! 내가 누구게?(엄마가 손으로 얼굴을 가리고 아이에게 묻는다.)

▷생각열기
책을 아기 얼굴에 대고 너는 누구니? 아하! ○○이구나.
손바닥으로 엄마의 얼굴을 가리고 내가 누구게?

7) 영아의 사회정서발달

5개월경부터 거울에 비친 자기 모습에 관심을 가지고 부모, 형제와 다른 사람 구별.
8개월경부터 엄마에게 애착. 여러 가지 감정을 표현할 수 있다.
인간관계에서 기본적인 신뢰감을 형성한다.
낯가림, 격리불안을 겪는 시기

글·그림: 최숙희
출판사: 웅진주니어
책소개:
개미는 너무 작고, 뱀은 다리가 없고, 타조는 새면서 날지 못하지만 저마다의 장점을 가지고 있다고 말한다. 아이가 잘하는 건 무얼까?

<그림책7. 괜찮아>

놀이법

▷마음열기
달리기 잘하는 토끼가 넘어졌어요. 어떤 말을 해줄까?
(유아) 토끼야 괜찮니?
노래를 잘하는 꾀꼬리가 감기에 걸렸어요. 어떤 말을 해줄까?
(유아) 꾀꼬리야 괜찮니?
나무를 잘 타는 원숭이가 다리를 다쳤어요. 어떤 말을 해줄까?
(유아) 원숭이야 괜찮니?

▷그림책열기
등장하는 동물들의 목소리를 재미있게 표현하며 읽어준다.

▷생각열기
*내가 잘 할 수 있는 것은 무엇일까요?
 (큰소리로 나의 장점 말하기)

8) 영아의 사회정서발달에 따른 그림책 선정 기준

일상적인 이야기, 일상적 물건이 담긴 그림책
스스로 할 수 있다는 내용이 담긴 그림책

글·그림: 최민오
출판사: 보림
책소개:
염소, 하마, 악어 등 유아가 좋아하는 동물들이 변기에 앉아서 응가를 해낸 다음, 신나하는 모습을 담아내 유아가 자연스럽게 배변훈련을 할 수 있도록 도와준다.

<그림책8. 응가하자, 끙끙>

놀이법

▷마음열기
책 속 친구의 표정을 살펴본다. 뭐하고 있는 것인지 이야기해 본다.
응가할 때의 표정과 기분을 이야기해 본다.

▷그림책열기
동물들이 응가하는 모습을 재미있게 살펴본다.
동물들의 응가 모양이 다름을 이해한다.

▷생각열기
*응가하고 싶을 때는 "화장실에 가고 싶어요"라고 말하기.
*라임을 배워본다.
  하마 가족이 방귀를 뀌어요.
  (아빠 목소리로) 아빠 하마는 뿌웅 뿌웅 뿌지직~
  (코를 막으며)아이구 냄새야
  (엄마 목소리로) 엄마 하마는 빠앙 빠앙 빠지직~
  (코를 막으며)아이구 냄새야
  (아이 목소리로) 아기 하마는 뽀옹 뽀옹 뽀지직~
  (코를 막으며)아이구 냄새야

2. 유아의 발달 특성에 따른 그림책 놀이법

가. 유아기(2-7세)발달 특성

이 시기의 유아들은 상징적 사고가 활발해지고 표현능력 또한 증가한다. 아직 논리적 사고를 하지 못하는 단계이며 자기중심적인 사고를 하고 생명이 없는 대상에게 생명과 감정을 부여하여 모든 사물이 살아있다고 생각하는 물활론적 사고를 한다. 상상놀이가 가장 활발한 시기인 이유이다. 유아가 동물이나 장난감이 의인화된 환상 그림책이나 옛이야기 그림책을 좋아하는 이유이기도 하다.

유아기는 언어능력이 급격히 발전하는 시기이다. 운율이 있고 재미있는 방식의 어휘가 유아들에게 언어적 자극이 될 수 있도록 도와준다.

유아기는 긍정적인 자아개념 형성에 결정적인 시기이다. 신체 운동능력이 발달해 가는 단계에서 유아가 느낄 수 있는 좌절감, 형제와 또래관계에서 발생하는 갈등으로 인한 어려움 등을 친숙한 소재와 환경을 중심으로 펼쳐지는 그림책 속 이야기로 유아에게 위안과 안정감을 느끼게 하는 동시에 긍정적인 자아개념을 형성하는데 도움이 된다.

유아기에는 사회의 편견에 동화되지 않으면서 다양한 가치에 대한 존중을 생활 속에서 자연스럽게 익힐 수 있어야 한다. 이를 위해 성, 인종, 종교, 문화, 전쟁과 폭력, 장애, 개인차 등을 다룬 문학작품을 경험할 수 있는 기회도 충분히 제공해야 한다. (조경자, 이현숙, 이문정, 곽이정. 어린이문학교육 2013)

나. 발달에 따른 그림책 놀이법

1) 유아의 신체발달

만 3-4세 유아의 신체발달 특징은 한 발로 5-10초 정도 서 있을 수 있고 잘 달린다.

만 5-6세의 유아는 매우 활동적이며 외모에 관심을 가지고 성 차이에 호기심을 가진다.

글·그림: 윌리엄스타이그
옮긴이: 김경미
출판사: 비룡소
책소개:
비 때문에 밖에 나가 놀지 못해 속상한 피트, 이를 본 아빠는 아들의 기분을 풀어 주기 위해 피트를 피자로 만들기로 한다.

<그림책1. 아빠와 피자놀이>

놀이법

▷마음열기
책표지의 아이 표정이 어떤지 이야기해 본다.
무슨 일이 있어 즐거워 보이는지 이야기하고 나는 어떨 때 이런 표정이 되는지 생각해 본다.

▷그림책열기
* '피자' 손놀이를 한다.
(밀가루 밀가루 주물럭 주물럭~
  밀어밀어 쭉쭉 밀어~
  햄 넣고, 피망 넣고, 양파 넣고~~...
  와 맛있는 양파 피자다~)
* 말 놀이를 하며 즐겁게 책을 읽는다.

▷생각열기
* 집에서
  - 테이블 위에 아이를 눕혀 놓고 책 속에서처럼 순서대로 피자를 만들어 본다.
  - 피자에 이름을 붙여본다.
* 아이가 여럿일 경우
  - 역할 놀이 하기
    여러 유아가 각자 피자에 들어가는 재료의 역할을 맡는다.
    (피자로 가정한) 커다란 원(돗자리 등) 주위에 둘러서서 피자를 만들자 손놀이를 한다.
    피망 넣고~(피망 역할을 맡은 유아가 점프해서 들어간다.)
    옥수수 넣고~(옥수수 역할을 맡은 유아가 점프해서 들어간다.)
    (모든 유아가 다 들어갈 때까지 노래를 한다. 모두 들이간 후)
    지글지글 보글보글 (유아들이 각자 어울리는 동작을 한다.)와~ 맛있는 피자다~(유아들이 모두 손을 잡고 있다가 다 같이 팔을 위로 올린다.)

2) 유아의 신체발달에 따른 그림책 선정 기준

모험적인 내용을 다룬 그림책

다양한 놀이를 제공해 주는 그림책

유아가 따라 할 수 있는 움직임이 있는 그림책

성에 대한 유아들의 호기심을 해결해 줄 수 있는 그림책

다양한 신체적 놀이를 포함하고 있는 그림책

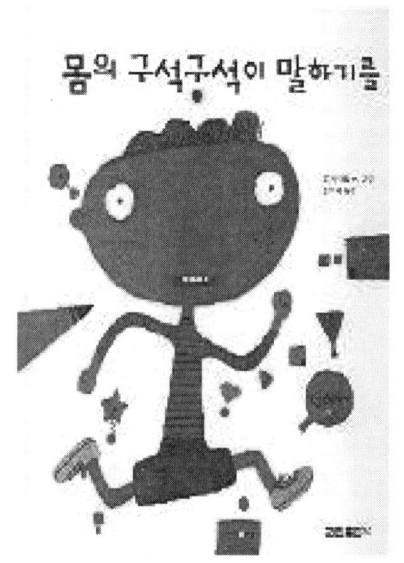

글·그림: 고미타로
옮긴이: 엄기원
출판사: 한림출판사
책소개:
신체 각 기관의 모양과 하는 일을 가르쳐주고 신체기관의 특징을 안다.

<그림책2. 몸의 구석구석이 말하기를>

놀이법

▷마음열기
'눈은 어디 있나 요기' 노래를 개사하여 배꼽은 어디 있나, 다리는 어디 있나 등으로 바꾸어 신체 부위의 이름을 재밌게 알 수 있도록 한다.

▷그림책열기
*표지 그림을 보며 신체 부위의 이름을 말해보고 자신의 몸에서 같은 부위를 찾아본다.
*신체부위가 그려진 그림카드를 활용하여 명칭을 말해보고 각 기관의 하는 일과 특징에 대해 이야기를 나눈다.

▷생각열기
*커다란 종이 위에 유아를 눕혀 몸을 그려주고 유아가 꾸밀 수 있도록 도와준다. 다 꾸민 후 오려서 벽에 붙이고 신체 부위의 명칭을 같이 말해본다.

3) 유아의 언어발달

• 만3-4세

언어의 급속한 발달이 이루어져 어휘수가 급증하고 말하기를 즐기며 언어놀이를 즐긴다. 혼자 또는 성인과 함께 책 읽기를 좋아하며, 선호하는 책이 생긴다. 문법이 발달한다.

• 만5-6세

언어가 계속 확장되며 어휘 수가 증가한다. 독립적인 읽기가 가능하다. 성인이 사용하는 언어 기술을 배워 나간다. 책과 관련된 지식을 습득하고 책읽기를 할 수 있다.

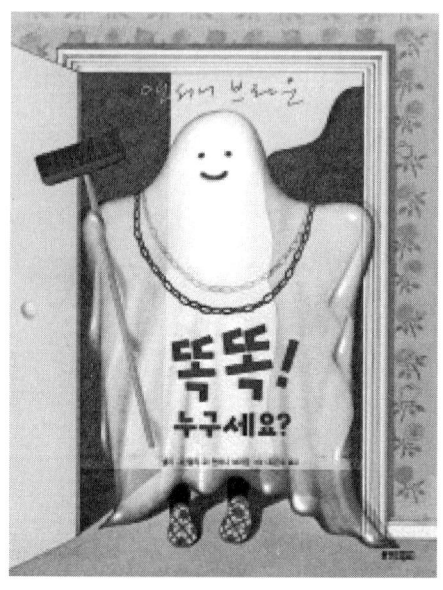

글: 셀리 그린들리
그림: 앤서니브라운
출판사: 웅진주니어
책소개:
방문 뒤에 누가 있을지, 문을 열고 들어오면 어떤 일이 벌어질지 자유롭게 상상하고, 반복적인 리듬을 통해 안정감과 호기심을 자극할 수 있다.

<그림책3. 똑똑! 누구세요?>

놀이법

▷마음열기
방 안에 혼자 있을 때 누군가 똑똑 문을 두드리면 어떻게 할까요?

▷그림책열기
그림책을 잘 보며 어디에 힌트가 숨어있는 지 찾아 본다. 힌트를 찾아서 문 밖에 누가 왔는 지 상상해 본다.

▷생각열기
*바닥에 긴 줄을 놓고 유아가 책 속 등장인물이 되어
 '똑똑 누구십니까' 노래에 맞춰 한 명씩 줄의 안쪽으로 들어온다.
*{교사}똑똑 누구십니까?
 (유아1) 고릴라에요
 (교사) 들어오세요.
 {교사, 유아1}똑똑 누구십니까?
 (유아2) 마녀입니다.
 (교사) 들어오세요.
*(유아가 모두 들어오면 다같이 줄의 오른쪽에서 왼쪽으로 건너뛰며)
하나 두울 세엣 네엣 다들어왔다~

4) 유아의 언어발달에 따른 그림책 선정 기준

- 만3-4세

  재미있는 단어로 되어 있는 그림책

  단순한 구성으로 된 짧은 그림책

  글 없는 그림책

  단어, 구, 문장이 반복적이어서 예측 가능한 그림책

- 만5-6세

  다양한 장르의 그림책

  단순한 구성에서부터 다양한 구성의 그림책

  혼자서 읽을 수 있는 쉬운 그림책

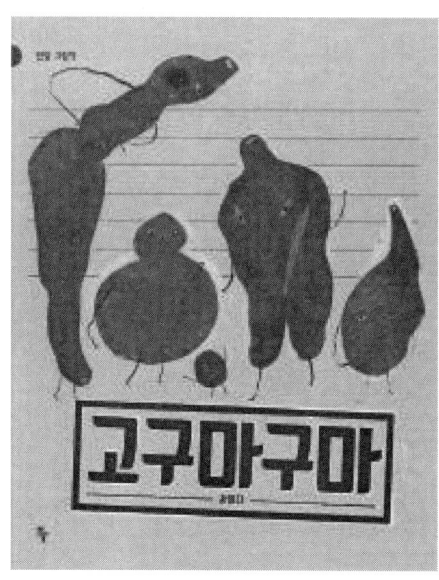

글·그림: 사이다
출판사: 반달
책소개:
세상에서 가장 웃긴 고구마 이야기!
꼼꼼한 관찰과 상상력과 재치가 빚은 요절복통 그림책이다.
웃으며 넘기다 보면 볼품없어 보이는 고구마의 참 매력이 보인다.

<그림책4. 고구마구마>

놀이법

▷마음열기
다양한 사투리 이야기를 하며 사투리로 대화하기를 해본다.
지역에 따라 다른 말을 통해 같은 말도 다양하게 표현되어 질 수 있음을 안다.
고구마구마, 고구마라예, 고구마랑께 등 다양한 사투리를 말해보며 말의 재미를 느낀다.

▷그림책열기
표지의 고구마 모양에 대해 이야기를 나눈다.

▷생각열기
실제 고구마에 생명을 불어넣어 살아있는 것처럼 꾸미고 어떤 동작인지 이야기해 본다.
(예, 케잌 만드는 고구마)

5) 유아의 인지발달

- 만3-4세

  자기중심적 사고를 한다.
  호기심이 많고 질문을 많이 한다.
  초보적 수 세기를 하며 글자에 관심이 많다.
  가상놀이를 즐기며 상상의 세계를 현실로 여긴다.
  점차적으로 사회극 놀이로 발전한다.
  선택적 주의 집중을 할 수 있다.

- 만5-6세

  실제와 환상을 좀 더 구별할 수 있다.
  호기심이 더욱 다양해진다.
  다른 사람에 대한 이해가 발달한다.

<그림책5. 잘잘잘>

글·그림: 이억배
출판사: 사계절
책소개:
호박을 이고 가는 할머니, 나팔을 부는 네 쌍둥이, 도토리를 나르는 다람쥐 등의 흥미로운 캐릭터를 통해서 사물능력인식을 발달시켜주고 '하나'부터 '열'까지 배울 수 있는 수놀이 그림책이기도 하다.

놀이법

▷마음열기
'하나하면 할머니가 지팡이를 짚는다고 잘잘잘' 노래를 하며 숫자의 서수를 익혀본다.

▷그림책열기
노래를 하며 책 읽기가 가능하다.
페이지마다 등장인물의 수를 세어본다.
누가 무엇을 하는지 기억해 본다.

▷생각열기
*숫자카드를 보며 서수로 읽어본다.
*기억력 퀴즈!!(나팔을 분 것은 누구일까요?
  생선을 판 것은 누구일까요? 등)
*숫자 빙고게임(5*5 빙고판에 숫자를 쓰고 게임하는 유아들이 돌아가며 숫자를 외치고 빙고판의 해당 숫자를 지워나간다. 먼저 5줄을 만드는 사람이 이긴다.)

6) 유아의 인지발달에 따른 그림책 선정 기준

- 만3-4세

  정보전달과 개념 습득에 도움이 되는 그림책

  호기심을 충족시킬 수 있는 그림책

  유아가 능동적으로 참여하면서 읽을 수 있는 그림책

- 만5-6세

  경험을 확장시키고 지식을 전달할 수 있는 그림책

  다양한 소재를 다루고 있는 그림책

<그림책6. 파랑이와 노랑이>

글·그림: 레오리오니
출판사: 물구나무(2003)
책소개:
파랑이와 노랑이는 언제나 꼭꼭 붙어 다녀요. 둘은 꼭 껴안았어요. 그랬더니 그만 초록이가 돼 버렸지 뭐예요! 그럼 노랑이와 파랑이는 어디로 간 걸까요?

놀이법

▷마음열기
＊주변에 어떤 색깔이 보이는지 말해 본다.
＊알고 있는 색깔 모두 말해 본다.

▷그림책열기
색깔의 느낌을 이야기해 본다.
따뜻한 느낌, 차가운 느낌, 시원한 느낌 등.
파랑이와 노랑이가 끌어안으니 어떤 색으로 변했나?
어떤 느낌의 색으로 변했나?

▷생각열기
(주먹 위에 주먹 음에 맞춰)-셀로판 돋보기 준비
빨강 위에 파랑 보라색
파랑 위에 노랑 초록색
노랑이랑 빨강이 만나면 어떤 색이 될까요?
주황(큰소리로)~

7) 유아의 사회정서발달

- 만3-4세

  유머를 즐긴다.

  가족이나 주변 사람의 영향을 받으며 관계를 맺어 가면서 안정감을 느끼게 된다.

  성 개념을 습득하기 시작한다.

  도덕성이 발달한다.(타율적 도덕성)

  또래와 어울려 노는 것을 즐긴다.

- 만5-6세

  자기 주도성이 발달한다.

  타인의 관점을 이해한다.

  또래관계가 더욱 중요해진다.

  정서가 쉽게 변한다.

<그림책7. 구름빵>

글·그림: 백희나
출판사: 한솔수북
책소개:
비 오는 날 아침, 나뭇가지에 걸린 작은 구름을 아이들은 하도 신기해서 조심조심 엄마한테 갖다 준다. 엄마는 작은 구름을 반죽하여 빵을 굽는다. 잘 구워진 구름빵을 먹은 아이들은 구름처럼 두둥실 떠올라 아침밥을 거르고 출근한 아빠에게 구름빵을 전해주러 간다.

놀이법

▷마음열기
구름을 자세히 본 적이 있는지 이야기해 보고 구름의 느낌을 말해본다.

▷그림책열기
책 속 홍비와 홍시가 아빠를 위해 무엇을 했나?
구름빵을 먹고 몸이 둥둥 뜬다면 무얼 하고 싶은지 이야기해 본다.

▷생각열기
*역할극 해보기-책 속 등장인물이 되어 역할극을 해본다.
*가족을 생각하며 우리 아빠, 엄마가 또는 동생이나 언니, 오빠가 좋아하는 것을 생각해 보고 내가 해줄 수 있는 것에 대해 이야기해 본다.

8) 유아의 사회정서발달에 따른 그림책 선정 기준

• 만3-4세

자아 형성을 돕는 그림책

친구관계를 담은 그림책

다른 사람과의 관계를 보여주는 그림책

긍정적인 자아개념을 가지도록 하는 그림책

• 만5-6세

주도성을 다룬 그림책

책임과 성공을 다룬 모험적인 이야기책

긍정적인 또래 관계를 다루고 있는 그림책

정서적 안정감을 주는 그림책

<그림책8. 성격이 달라도 우리는 친구>

글: 에런 블레이비
그림: 발레리아 도캄포
옮긴이: 김현좌
출판사: 세용출판
책소개:
서로 성격이 다른 두 사람이 친구가 될 수 있을까? 펄과 찰리는 그러한 두 사람이 친구가 될 수 있으며, 그러한 차이와 우정이 얼마나 감사한지를 보여 준다.

놀이법

▷마음열기
* '배려'란 무엇일까요?
  배려란 다른 사람의 마음을 알아주고 행동으로 표현하는 것.
* 친구를 배려할 수 있는 일들에 대해 이야기해 보자.
  - 놀잇감을 가지고 놀 때, 화장실에서 나보다 급한 친구를 봤을 때, 간식을 먹을 때 등

▷그림책열기
* 성격이 전혀 다른 친구도 친한 사이가 될 수 있을까?
* 친해지게 된 이유는 무엇일까?
* 친구를 배려했을 때의 기분은 어떨까?

▷생각열기
* 친구에게 배려의 언어 말해보기.
  친구야 미안해, 고마워, 사랑해
* "사랑을 심었습니다" 노래를 배워보고 친구와 마음을 맞춰 손바닥을 부딪혀 본다.

2장 그림책 놀이의 실제

1. 아동 그림책 놀이

가. 아동기 발달 특징

아동기는 피아제의 인지발달 이론에 따르면 이 시기는 구체적 조작기에 속하며 초등학교 입학하는 시기부터 졸업할 때까지의 시기를 말하여 학령기라고도 한다.

생활의 중심이 가정에서 학교로 옮겨가는 시점이라 학교에서 또래 집단에서의 관계 형성이 중요한 시기이다. 또한 아동기에는 자신의 능력을 시험해 보기도 하고 자발적인 행동을 하며 자신감과 독립심이 형성된다.

이러한 아동기에 있는 아이들을 디지털 네이티브, 알파세대라고 부르고 있으며 이 시기는 스마트폰, 태블릿 피씨 등 디지털 기기의 사용이 필수이다. 2022년 교육개정안이 나오면서 소프트웨어, 인공지능 교과가 기존의 두 배로 시간이 배정되고 있다는 사실은 앞으로 아동기부터 디지털에 대한 이해와 바른 사용법이 더욱 필요하다는 것이다.

자칫 디지털의 세상에서 유해 콘텐츠로 인해 개인주의와 탈인간화, 사생활 침해, 의사소통 구조의 왜곡 등이 일어날 수 있는 문제가 제기되고 있어 인간성 회복과 디지털 세상을 바로 볼 수 있는 눈을 키우는 것이 필요하다.

그런 의미에서의 그림책 놀이는 '인간다움'을 기르는 좋은 매체이며 놀이법은 다양한 매체를 활용하여 디지털 세상을 제대로 볼 수 있는 힘을 기르는 디지털 리터러시가 아동기 그림책 놀이의 중요한 역할을 한다.

나. 아동기의 그림책 놀이

1) 미디어로 소통하는 그림책 놀이

쏟아지는 정보의 홍수 속에서 사람들의 생각은 점점 가벼워진다. 생각을 하는 대신 검색 엔진을 통해 지식이나 정보를 찾는 경우가 많아지고 있다. 이러한 지식과 정보는 편파적이고 획일화된 정보로 사람들의 생각이 비슷해지고 대화의 내용도 자칫 지루해질 수 있다. 생각의 깊이가 없어지고 결국 생각하는 힘조차 잃게 되는 사고의 결핍이 생길 수밖에 없다. 특히 앞으로는 더욱더 많은 정보에 노출되고 정보를 이용하는 빈도가 높아질 것이다. 그러므로 독서를 통해 사물이나 사건, 사물이나 세계를 바로 볼 수 있는 힘을 길러줘야 하는 이유다.

미래사회를 살아갈 아이들에게 미디어로 소통하는 독서는 정서적 안정과 사물을 꿰뚫어 보는 통찰력을 길러 줄 것이다.

2) 그림책 놀이 실제

<그림책1. 늑대가 들려주는 아기 돼지 삼형제>

글: 존 셰스카
그림: 레인 스미스
출판사: 보림
책소개:
늑대의 시점에서 아기 돼지를 바라보고 있는 이야기다. 우리가 잘 알고 있는 아기돼지 삼형제는 늑대의 시점이 아니라 돼지의 시점이라고 글에서 밝히면서 이야기가 시작된다.
주인공 늑대의 1인칭 주인공 시점으로 이야기가 진행되고 있어 늑대의 심리를 잘 파악하면서 읽어주면 좋다.

<출처: yes24>

내용

어느 날, 늑대는 할머니 생신에 선물로 케이크를 만들다가 그만 설탕이 떨어져 할 수 없이 설탕을 빌리러 이웃 돼지네 집에 간다. 돼지가 영리하지 못해 지푸라기로 집을 지었다고 말한다. 설탕을 빌리러 간 늑대는 지푸라기로 지은 첫 번째 아기돼지의 집 앞에서 심한 감기로 재채기가 터져 나온다.

두 번째 아기돼지 집에서도 재채기가 나와서 집이 무너진 것뿐이다. 먹을 것이 눈앞에 있는데 먹지 않는 것도 도리는 아니라고 하고 늑대는 말한다. 이번에는 그 옆집, 세 번째 아기돼지한테 갔을 때, 벽돌집에 사는 이 돼지는 문을 열지도 않고 다짜고짜 욕설을 퍼붓더니, 나중엔 할머니 욕을 해서 늑대는 화가 난다. 화가 나서 문을 부수려고 했는데, 경찰이랑 신문기자들이 달려오고 신문기자들은 감기 걸린 늑대가 설탕을 얻으러 왔다는 이야기로는 독자의 흥미를 끌지 못할 터라, 늑대가 입김을 세게 불어 집을 부숴 버렸다는 이야기를 꾸며낸다. 늑대를 고약한 늑대로 만들어버린 것이다. 이것이 진짜 이야기다. 늑대는 누명을 썼다고 주장한다.

<출처: 인터파크 도서>

(1) 1단계 수용단계 : 이야기 받아들이기

① 이야기 수용 준비
- 표지 그림을 보면서 이야기한다. (이야기 예측하기)
  - 어떤 이야기일까요?
- 면지, 뒤표지 모두 살펴보고 이야기를 나눈다.

② 그림책 읽어주기

　늑대가 들려주는 아기돼지 삼형제는 늑대의 입장에서 들려주는 이야기다. 그러므로 늑대의 감정에 따라 읽어주면 좋다. 나레이션을 늑대가 하고 있으므로 늑대 목소리로 표현한다.

③ 생각/느낌 더하기 (감지적 자극)
  - 주인공이나 등장인물 마음 되어보기
  - 자신의 생각이나 느낌 발표하기
  - 작가의 의도 알아보기
  - 좋아하는 장면이 있나요? 왜 그 장면이 좋아요?
  - 인상 깊은 장면은? 왜 그런가요?

- 내가 늑대의 입장이라면?
- 내가 아기돼지의 입장이라면?
- 아기 돼지에게서 어떤 느낌이 드나요?
- 늑대에게서는 어떤 느낌이 드나요?
- 아기돼지의 마음을 느낌으로 표현해 보세요.

④ 경험의 수용
  - 그림책의 장면과 관련된 자신의 경험 떠올리기
  - 이야기 요약하기

- 늑대처럼 오해가 생겨서 친구들과 사이가 안 좋았던 적이 있나요?
- 엄마나 아빠가 오해해서 혼낸 적이 있나요? 있다면 그때의 기분은?

⑤ 생각/느낌 나누기
  - 표지를 보고 상상한 이야기가 내용과 어떻게 다른지 이야기해 본다.
  - 그림을 보고 어떤 느낌이 드는지 이야기해 본다.

- 늑대에게 어떤 말을 해주고 싶나요?
- 내가 만약 늑대라면, 어떻게 했을까요?
- 감옥에 갇힌 늑대는 어떤 마음일까요?
- 사건을 바꾼다면 어떻게 바꾸고 싶은가요?

(2) 2단계 융합단계 : 해석 및 변형

① 이해와 감상 - 이해를 위한 사전단계
  - 주요 장면, 줄거리 요약 설명하기
  - 인상적인 장면 선정하기
- 이 이야기에서 가장 인상에 남는 장면은 어떤 것인가요?
  - 장면을 선정한 후 장면을 보고 생각나는 대로 이야기하기
  - 인물의 감정 곡선 따라가기

- 늑대의 이야기를 따라가면서 그림을 보면서 늑대의 감정 변화를 이야기한다.

② 자의적 해석 - 이해단계
  • 각 장면마다 글과 그림을 살펴본다.
  • 장면의 이야기를 생각나는 대로 포스트잇에 적는다.

③ 이야기 데이터 수집(마인드 맵) - 이야기데이터 수집단계
  - 이야기 주제 찾기 : 마인드맵 활용
  - 각 장면의 그림에서 특이한 점 찾기
  - 장면의 배경에 대해 이야기하기

마인드 맵

④ 재구성 - 코딩단계
  - 억울하게 감옥에 간 늑대의 마음을 글로 표현해 본다.
  - 늑대가 되어서 자신의 억울함을 편지글로 쓴다.

(3) 3단계 표현단계 : 미디어로 내보내기

① 결과물 기술방법에 대한 전략
  - 주관적 스토리텔링을 통한 미디어 결과물
  - 억울한 늑대 인터뷰하기

② 표현단계의 진행과정
  a. 2단계에서 재구성한 내용을 표현카드 지시에 따른 내본으로 만든다.
  b. 대본을 만든 후 역할을 정한다.

c. 역할을 나누어 진행한다.
d. 진행하는 내용을 영상으로 촬영하거나 녹음 한다.

<예)-인터뷰 >

<준비>
a. 늑대에 대한 인터뷰놀이를 위한 대본을 만든다.
b, 대본에 나오는 역할을 나누어서 연습한다.
c. 실제 인터뷰를 한다.
d. 인터뷰 하는 장면을 영상으로 촬영한다.

<늑대 인터뷰하기>
- 늑대 역할과 기자 역할을 할 어린이들을 뽑는다.
- 기자가 직접 사건 현장에 나가서 취재하는 형식을 띤다.
- 질문지와 대답은 아이들이 스스로 할 수 있도록 유도한다.

③ 대본 실습

- ○○방송국 기자 ○○○입니다. 늑대님이 잡혀있는 감옥에 나와 있는데요. 늑대님이 엄청 억울해하고 있는 것 같습니다. 늑대님의 이야기 들어보겠습니다.

....
....
....
....
....

<그림책2. 치킨마스크>

글: 우쓰기 미호
옮긴이: 장지현
출판사: 책읽는곰
책소개:
『치킨 마스크』는 초등학교 선생님으로 일하며 아이들을 가장 가까이에서 지켜봐 온 작가가, 자신감과 자존감이 부족한 아이들을 위해 따뜻한 격려의 마음을 담아 쓰고 그린 그림책입니다. 아이에게나 어른에게나 '가면'은 무척 매력적인 물건입니다. 한 번쯤 내가 아닌 다른 사람이 되어 보고 싶은 마음이 우리 안에 있기 때문입니다. 저자는 이 점에 착안하여 아이들의 개성이나 장점, 재능을 가면에 빗대어 이야기를 꾸려 나갑니다. 그를 통해 아이들에게 치킨 마스크처럼 내가 아닌 다른 사람이 되어 볼 기회가 온다면 나는 어떤 사람이 되고 싶은지 생각해 보게 합니다.

<출처: yes24>

내용

사람들은 저마다 재능이 담긴 그릇을 가졌지만 치킨마스크는 자기의 그릇은 텅 비었다고 생각한다. '나는 왜 나로 태어났을까?'라고 자책도 한다. 같은 반 친구 올빼미 마스크처럼 공부를 잘하는 것도, 햄스터 마스크처럼 만들기를 잘하는 것도 아니고, 장수풍뎅이 마스크처럼 씨름을 잘하는 것도, 개구리 마스크처럼 노래를 잘하는 것도 아니기 때문이다.

주눅이 든 치킨 마스크는 운동장 구석에 있는 나무동산에 비밀장소를 만든다. 그리고 아주 작고 예쁜 꽃들이 시들어 가는 것을 발견하고 물을 준다. 친구들이 자기가 없어진 줄도 모를 거라 생각하고 급기야 '내가 내가 아니면 좋겠어.'라고 생각한다. 그때 운동장 구석에서 다른 마스크들을 발견한다. 치킨마스크는 뭐든지 잘하는 아이로 변신할 절호의 기회로 생각하고 마스크를 써본다. 올빼미 마스크를 쓰니 어려운 수학문제도 술술 풀리고 장수풍뎅이 마스크를 쓰면 무거운 통나무도 번쩍 들어 올렸다. 정말 신기하게 다른 마스크를 쓸 때마다 없던 재능이 나타났다. 그러나 치킨마스크는 더 혼란스러웠다. 과연 공부를 잘하는 아이가 되고 싶은 건지 운동을 잘 하는 아이가 되고 싶은 건지, 노래를 잘하는 아이가 되고 싶은 건지 머리가 복잡해졌다. 그때 조그마한 목소리가 들려온다. '치킨마스크야, 다른 마스크가 되지 마. 너는 너 그대로 좋아. 넌 따뜻한 마음을 가졌잖아.' 그 목소리는 바로 작고 예쁜 꽃들의 소리였다.

친구들이 치킨마스크를 찾으러 오고 치킨마스크는 그대로 치킨마스크였다. 파랗게 갠 하늘이 멋진 날 치킨마스크는 자신의 그릇이 꽉 찬 느낌을 받는다.

<출처: 인터넷 교보문고>

(1) 1단계 수용단계 : 이야기 받아들이기
　　(단계별 질문 카드를 활용하여 질문한다.)

① 이야기 수용 준비

- 표지그림을 보면서 이야기한다. (이야기 예측하기)
 - 어떤 이야기일까요? (행동 카드: 말하기)
- 면지, 뒤표지 모두 살펴보고 이야기를 나눈다.
- 왜 제목이 "치킨마스크"일까?

② 그림책 읽어주기
『치킨마스크』는 주인공 치킨마스크가 화자가 되어 이야기를 끌고 가고 있다. 1인칭 주인공시점이다. 그래서 책을 읽어 줄때는 주인공 치킨마스크의 감정을 잘 표현하면서 읽어 주면 더 아이들이 마음에 다가가는 이야기가 된다. 자존감이 낮은 아이들은 주인공을 따라가면서 '맞아, 나도 그래' '너도 그렇구나.' 공감하면서 치킨마스크처럼 내가 아닌 다른 아이가 되고 싶었던 적이 있었는지도 생각해 보게 된다.

<치킨마스크 목소리 표현법>
자존감이 약한 아이로 표현을 해주면 좋다.
연령은 이야기를 듣는 아이 연령으로 설정하면 된다. 주인공이 듣는 아이와 비슷한 연령이 되어야 듣는 아이가 흥미를 느낀다. 듣는 아이보다 어리거나 나이가 많으면 아이들은 이야기에 흥미를 느끼지 못한다.

③ 생각/느낌 더하기 (감지적 자극)
 - 주인공이나 등장인물 마음 되어보기

- 자신의 생각이나 느낌 발표하기
- 작가의 의도 알아보기

- 좋아하는 장면이 있나요? 왜 그 장면이 좋아요?
- 기억에 남는 장면은? 왜 그런가요?
- 내가 치킨마스크 입장이라면?
- 치킨마스크에게서 어떤 느낌이 드나요?
- 비밀장소의 작은 꽃에게서는 어떤 느낌이 드나요?
- 치키마스크의 마음을 느낌으로 표현해 보세요.

④ 경험의 수용
- 치킨마스크처럼 무엇이든 잘못한다고 생각한 적이 있었나요?
- 나는 친구들이 부러웠던 적이 있나요? 그때가 언제인가요?

⑤ 생각/느낌 나누기
- 주인공이나 등장인물 마음 되어보기
- 자신의 생각이나 느낌 발표하기
- 작가의 의도 알아보기
- 표지를 보고 상상한 이야기가 내용과 어떻게 다른지 이야기해 본다.
- 그림을 보고 어떤 느낌이 드는지 이야기해 본다.

- 치킨마스크에게 어떤 말을 해주고 싶나요?
- 내가 만약 치킨마스크라면, 어떻게 했을까요?
- 친구들이 운동장으로 찾아왔을 때 치킨마스크는 어떤 마음일까요?
- 사건을 바꾼다면 어떻게 바꾸고 싶은가요?

(2) 2단계 융합단계 : 해석 및 변형

① 이해와 감상-이해를 위한 사전단계
- 주요장면, 줄거리 요약 설명하기
- 인상적인 장면 선정하기(질문카드 활용)
  - 이 이야기에서 가장 인상에 남는 장면은 어떤 것인가요?
- 장면을 선정한 후 장면을 보고 생각나는 대로 이야기하기
  (브레인스토밍)

② 자의적 해석-이해단계
- 각 장면마다 글과 그림을 살펴본다.
- 장면의 이야기를 생각나는 대로 포스트잇에 적는다.

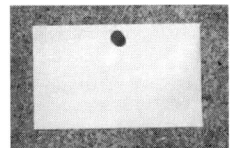  

③ 이야기 데이터 수집(마인드 맵)-이야기데이터 수집단계
- 이야기 주제 찾기 : 마인드맵 활용
- 각 장면의 그림에서 특이한 점 찾기
- 장면의 배경에 대해 이야기하기

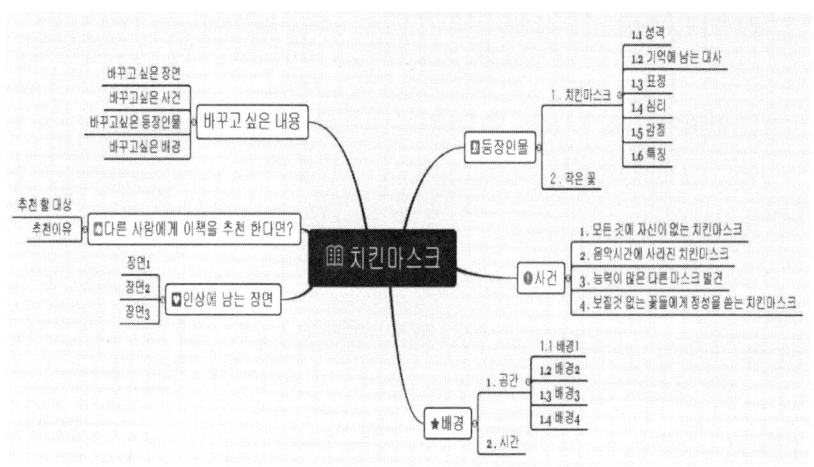

④ 재구성-코딩단계

   치킨마스크에 대한 이야기 마인드맵을 통해 이야기 데이터를 수집한 후 하나의 내용으로 재구성한다.

   이야기 속 내용과 주인공의 마음, 심리 등을 분석하고 해석해서 광고 매체로 변형해 본다.

(3) 3단계 표현단계 : 미디어로 내보내기

- 결과물 기술방법에 대한 전략
    - 주관적 스토리텔링을 통한 결과물 광고
- 2단계 코딩 단계에서 나온 이야기를 다양한 미디어 매체로 표현한다.
    - 표현카드를 활용하여 미디어로 표현한다.

<표현카드>

광고는 단순히 물건을 파는 것만이 아니라 그 물건에 대한 이미지나 가치를 함께 판단 할 수 있게 한다.

광고를 통해 사회 문화의 흐름과 양상을 읽어내고, 세상과 소통하는 전략을 배울 수도 있다. 디지털 시대에는 광고를 이해하는 데서 그치는 것이 아니라 활용할 줄 아는 사람이 되어야 한다.

책을 읽어주고 내용을 파악한 후 이 책을 누구에게 소개하고 싶은지 먼저 대상 독자층을 선택한다. 독자가 정해지면 이 책이 왜 그 독자가 읽어야 하는지 책의 가치를 찾아서 전달할 문구를 이야기한다. 이때 아이가 글을 쓰지 못하면 녹음을 하거나 진행자가 대신 글로 표현해 준다.

광고 기획서를 만들고 광고 전단지를 그림으로 그려서 만들어 본다.

그리고 라디오 광고로 제작해 본다. 라디오 광고는 20초 정도로 하고 음악도 넣고 카피를 만들어 직접 녹음하면 즐거운 광고 만들기 놀이가 된다.

진행자 : 치킨마스크 이 책을 누가 읽으면 좋을까?

아이 :

진행자 : 그래. 왜 그렇게 생각해?

아이 :

진행자 : 그런데 그 친구가 이 책을 안 읽는다고 하면 어떻게 할래?

아이 :

진행자 : 그래. 그럼 그 친구가 이 책을 읽어야만 하는 이유를 한번 말해 볼까?

아이 :

진행자 : 출판사 사장이라고 생각하고 이 책의 장점을 말해보자.

아이 :

<홍보 전단지 만들기>
- ▶ 책의 핵심 내용, 이미지 컷을 그리거나 콜라주로 홍보 전단지를 만든다.
- ▶ 책의 슬로건을 한 줄로 요약하기

3장 노인 그림책 놀이

1. 노인의 특성에 따른 그림책 놀이법

가. 노인의 특성

국제노년학회에서는 노인을 인간의 노화과정에서 나타나는 생리적 심리적 환경적 변화가 상호작용하는 복합형태의 과정으로 규정하고 다음과 같이 정의한 바 있다.

1) 노인의 정의

- 환경의 변화에 적절하게 적응할 수 있는 자체 조직에 결손을 가진 사람
- 일상생활에서 자신의 통합 능력이 감퇴되어 가는 시기에 있는 사람
- 생활체의 기관이나 조직 기능 등에서 쇠퇴 현상이 일어나는 시기에 있는 사람
- 생활체의 적응성에서 정신적으로 결손 되어 가고 있는 사람
- 조직 및 기능 저장의 소모로 인해 적응 감퇴현상 등이 있는 사람

이처럼 노화는 사람의 전 생애에 걸쳐 나타나는 자연스러운 과정으로 이해되어야 한다.

2) 노인 교육의 필요성

현대를 살아가고 있는 노인계층은 주로 빈곤하고 성과 신분에 따른 차별이 극심했던 시내를 살아온 관계로 대부분의 노인들이 적절한

공식교육을 받을 수 있는 기회가 제한될 수밖에 없었다. 반면 급속한 경제성장과 교육 수준의 향상으로 인해 초고령 사회에서는 고학력 노인인구가 급격히 증가할 것으로 예상되고 있다.

또한 평균수명 증가와 노인인구의 증가로 인한 노인의 사회적 영향력 증대 및 노인 인력 자원 활용에 대한 사회적 관심 증가, 노인의 잠재력과 능력을 인정하는 사회의 노인에 대한 관점 변화, 노인의 자기 계발에 대한 욕구 증가, 노인의 자립의식 증가 등으로 인해 노인교육의 필요성과 관심은 매우 높아질 것으로 예상된다. 이러한 변화에 대한 적극적인 대응이 필요하게 되었다.

3) 왜 그림책인가?

그림책은 연령을 불문하고 누구나 공감할 수 있는 매력을 가지고 있으며 접근하기 쉬운 매체이다. 다양한 장르가 포함되어 있어 주제나 관심사에 맞는 내용을 선택하기에 좋다.

또한 다양한 매체와의 접목이 용이하여 그림그리기, 놀이, 노래, 신체활동 등 여러 활동으로 풀어내기에 적합하기 때문이다.

나. 노인의 특성에 따른 그림책 놀이법

1) 노인의 신체, 생리적 변화

호흡기, 순환기 등 여러 가지 생리기능면에 체력적인 여유가 떨어지고 신체 조직이 약화 된다. 세포를 연결해주는 조직이 약해지고 탄력성이 떨어져 비틀거리다가 넘어지며, 벽이나 방바닥에 부딪히거나 신체조직의 파손이 오기 쉽다.

몸의 회복이 더디다. 생체조절기능이 떨어지고, 대사능력이 떨어짐으로 인해 피로회복이 더디고, 상처가 아무는데 시간이 많이 걸리며 더위나 추위에 취약해진다.

또한 병이 많아진다. 노인의 70% 이상이 노환이나 질병으로 잔병치레를 하며 신체기능이 약해져 활동이 둔해져 만사가 귀찮아지고 자신의 몸이 뜻대로 움직여지지 않는다.

동맥이 굳어져 탄력성이 떨어져 심장을 통해 나오는 피의 양이 조금만 많아져도 혈압이 잘 높아진다.

글: 임형진 / 그림: 이정훈
출판사:삼성비엔씨
책소개: 성질이 급하고 욕심 많은 호랑이와 지혜롭고 침착한 두꺼비가 산 위에서 떡시루를 굴려 누가 먼저 잡는지 내기를 하여 이기는 쪽이 떡을 먹기로 한다.

<그림책1. 떡시루 잡기 내기>

<놀이법>

▷마음 나누기
- 떡의 종류와 이름을 이야기해 본다.
  찌는 떡-시루떡, 백설기 등
  치는 떡-인절미, 절편, 가래떡 등
  지지는 떡-화전, 부꾸미 등
  삶는 떡-경단, 수수팥단지 등
  빚는 떡-송편 등

▷그림책 들려주기
- 동화 '떡시루 잡기 내기'를 듣는다.

▷생각 펼치기와 활동
- 아리랑 스트레칭
- 아이엠그라운드 떡이름 대기 게임을 한다.

2) 노인의 신체 변화에 따른 그림책 선정 기준

건강에 대한 내용을 다룬 그림책
다양한 놀이를 제공해 주는 그림책
노인이 따라 할 수 있는 움직임이 있는 그림책
다양한 신체적 움직임을 포함하고 있는 그림책

글: 김양순
그림: 이춘길
출판사: 계림닷컴
책소개:
힘없고 연약한 토끼가 무서운 호랑이와 마주쳤다.
이제 토끼는 어떻게 해야 할까? 토끼가 재치 하나로 호랑이에게 잡아먹힐 위험에서 벗어나 오히려 호랑이를 혼내 준다는 익살맞은 이야기이다.

<그림책2. 꾀 많은 토끼>

놀이법

▷마음 나누기
- 폐 튼튼 산토끼 박수
  - (산토끼 노래에 맞추어) 박수 한번
  - (주먹을 가볍게 쥐고) 왼쪽 가슴 한번 치기
  - 박수 한번
  - (주먹을 가볍게 쥐고) 오른쪽 가슴 한번 치기를 반복한다.

▷그림책 들려주기
- 들려주기 팁!! 호랑이 목소리는 굵고 느리게, 토끼 목소리는 귀엽고 빠르게 해준다.
- 꾀 많은 토끼에게 넘어간 호랑이가 토끼의 마음속을 알 순 없을까?

▷생각 펼치기와 활동
- 마음이 훤히 보이는 손거울을 만들기.
  - 손으로 볼클레이의 느낌을 느껴본다.
  - 다양한 색의 볼클레이를 이용하여 손거울 틀에 붙인다.
  - 장식 구슬을 꼭꼭 박아 마무리한다.
  - 예쁘게 만들어진 거울에 감탄하며 얼굴을 비춰본다.

3) 노인의 인지 및 정신 기능의 변화

① 사고능력과 기억력 손상으로 인해 치매에 노출된다.
② 노화 자체가 궁극적 존재의 이유에 대해 관심을 갖게 하고 죽음에 대해 깊이 명상하면서 보편적 가치를 추구하게 하므로 젊은 시절에 비해 영성이 (spirituality) 깊어지게 된다.
③ 단기기억이 감소한다.
④ 시각보다는 청력을 통한 기억력이 뛰어나다.
⑤ 학습능력은 연령 증가에 따라 저하되는 것이 일반적 현상이다.

- 이러한 변화의 원인은 뇌질량 감소, 뇌혈관 장애, 알코올 등.
- 특징은 기억장애, 추상적 사고장애, 판단장애, 성격변화 등

<그림책3. 줄줄이 꿴 호랑이>

글·그림: 권문희
출판사 :사계절
책소개 :
게으른 아이가 강아지를 이용해 온 산 호랑이를 다 잡아 큰 부자가 되었다는 신나는 허풍이다. 부자가 되고 싶은 서민들의 마음을 희극적으로 풀어 놓았다.

놀이법

▷마음 나누기
- 잘 산다는 것은 어떤 것일까요?
    - 개인의 경험을 이야기해 본다.
- 속담 이야기-'제 먹을 밥그릇은 가지고 태어난다'

▷그림책 들려주기
- 들려주기 팁!! 게으른 아이가 나오는 대목을 조금 느리게 들려주면 훨씬 더 인물의 성격을 살릴 수 있다.

▷생각 펼치기와 활동
- 과자목걸이 만들기
    - 가운데 구멍이 있는 (마카로니) 과자로 목걸이 만들기.
    - 과자의 구멍을 실로 꿰기를 통하여 눈과 손의 협응력을 향상 시킨다.
    - 예쁘게 만들어진 목걸이를 걸고 큰 소리로 감탄하기.
      (와~ 이쁘다~, 와~ 멋지다~)

4) 노인의 인지변화에 따른 그림책 활동

지난 시절을 회상할 수 있는 그림책

단순한 구성으로 된 짧은 그림책

단어, 구, 문장이 반복적이어서 기억을 상기시킬 수 있는 그림책

글·그림: 이영경
출판사: 비룡소
책소개:
서로가 제일 중요하다고 뽐내다가 결국 모두가 함께 소중하다는 것을 깨닫는다는 이야기다.

<그림책4. 아씨방 일곱 동무>

놀이법

▷마음 나누기
- 바느질 도구 이야기 – 실패, 바늘, 골무, 인두, 다리미, 자, 가위
- 속담 이야기
  바늘 가는데 실 간다
  바늘 도둑이 소 도둑 된다
  구슬이 서말 이라도 꿰어야 보배
  급하면 바늘 허리에 실 매어 쓸까
  아닌 밤중에 홍두께

▷그림책 들려주기
- 들려주기 팁!!
- 그림책을 보며 바느질 도구들의 모양을 살펴본다.

▷생각 펼치기와 활동
- 반짇고리 퀴즈
  - 옷감의 길고 짧음을 가려내는 것은?(자)
  - 울퉁불퉁한 옷감의 제 모양을 잡아주는 것은?(인두)
  - 아씨 손을 다치지 않게 해주는 것은?(골무) 등.

5) 노인의 심리 정서적 변화

자기중심적 생각을 한다.

소외감과 고독감, 우울감이 증가한다.

새로운 일에 도전하기를 주저하며, 자기가 할 수 있는 일도 다른 사람이 해주기를 바라며 의존성이 높아지는 등 수동적 성향이 강해진다.

옛날 것을 고집하려고 하는 것으로 생각의 융통성이 없어진다.

과거를 회상하는 경향이 있다. 과거의 재해석을 통해 주위 사람에게 인정받고 싶어 한다.

생에 대한 애착이 강해지고 남성 노인은 여성의 특징인 친밀성, 의존성 등이 증가하고, 여성 노인은 남성의 특징인 공격성, 자기 주장성 등의 성향이 강해지는 양성화 경향이 나타난다.

<그림책5. 좁쌀 한 알로 정승사위가 된 총각>

글·그림: 박영만
출판사: 사파리
책소개:
과거를 보러 서울로 올라가던 한 총각에게 반복적으로 일어난 사건들을 재미있게 풀어낸 이야기이다. 좁쌀 한 알 대신 쥐를 받고, 쥐 대신 고양이를 받고, 고양이 대신 개를 받고, 결국엔 정승의 딸에게 장가를 가게 되는 총각의 재치를 통해 작은 것의 소중함을 느낄 수 있다.

놀이법

▷마음 나누기
- 곡식의 종류 이야기
- 주머니 속의 여러 가지 곡식을 손의 촉각으로 알아내고 느낌을 말해본다.
- '아버지는 나귀 타고' 노래를 해본다.

▷그림책 들려주기
- 들려주기 팁!! 좁쌀에서 정승의 딸까지 이야기가 확장되듯 목소리나 표정을 조금씩 확장시키며 들려준다.
- 좁쌀이 정승의 딸이 된 순서 말해보기

▷생각 펼치기와 활동
- 콩 주머니 만들기.
  - 콩을 입구가 좁은 주머니에 넣으며 집중력 향상에 도움이 된다.
  - 만들어진 콩 주머니를 이용해 손가락 지압법을 배운다.

6) 노인의 심리 정서적 변화에 따른 그림책 활동

다른 사람과의 관계를 보여주는 그림책

긍정적인 자아개념을 가지도록 하는 그림책

정서적 안정감을 주는 그림책

<그림책6. 단물고개>

글: 소중애
그림: 오정택
출판사: 비룡소
책소개:
마음씨 착하고 효심이 지극한 나무꾼 총각은 우연히 단물이 나오는 샘을 발견한다. 단물을 마시고 점점 욕심이 생긴 총각은 돈을 받고 사람들에게 물을 팔기로 한다. 더 많은 물이 나오도록 샘을 크게 파는데 그나마 나오던 샘물이 숨어버리고 만다.

놀이법

▷마음 나누기
- 물이 단물처럼 느껴진 적이 있는지 이야기해 본다.

▷그림책 들려주기
- 들려주기 팁!! 단물을 먹었을 때, 정말 시원하고 맛있는 느낌으로 목소리 표현을 해준다.

▷생각 펼치기와 활동
- 욕심을 버리는 방법은 무엇일까요?
  - 개인의 경험을 이야기해 본다.
- 손유희 - 즐겁게 웃어요 하하하
  　　　　　욕심을 버려요 탈탈탈
  　　　　　놀라운 일이 생깁니다
  　　　　　즐겁게 웃어요 하하하

<그림책7. 눈으로 걷고 발로 보고>

글: 양지안
그림: 동그란씨
출판사: 하루놀
책소개:
다리가 불편해 걷지 못하는 사내와 앞이 보이지 않는 사내가 만나 서로의 눈이 되고 발이 되어 각자의 부족한 부분을 채워 주는 이야기.

놀이법

▷마음 나누기
- 나의 부족한 부분은 무엇인지 이야기해 본다.
  상대방의 부족함이 느껴졌을 때 어떻게 하면 좋을지에 대해 이야기해 본다.

▷그림책 들려주기
- 들려주기 팁!! 등장인물이 둘 다 남자이므로 한 사람은 굵고 느리게 또 한 사람은 가늘고 빠르게 표현하면 더욱 입체적으로 들린다.

▷생각 펼치기와 활동
- 시화로 표현하기.
  - 가까운 사람과 서로 나누고 배려하는 마음을 시로 써본다.
  - 주변을 사랑하는 마음을 시로 써본다.
  - 종이에 나의 시와 어울리는 그림을 그리거나 어울리는 바탕색을 칠한 후 시를 옮겨 쓴다.

참고문헌

1부 1장

김유미(2003). 두뇌를 알고 가르치자. 학지사.

윤일심(2012). 청각 장애학생의 뇌 기능 및 정서적 성향에 뉴로피드백 훈련이 미치는 영향. 서울벤처대학원대학교 박사학위 논문.

김유미(2008). 장애아의 뇌는 어떻게 학습하는가?(2판). 시그마프레스. Sousa, D. A.(2007). How the special needs brain learns. Corwin Press.

Sousa, D. A.(2003). How the Gifted brain learns. Corwin Press.

Singer, K. et al(2004). Empahty for pain involves the affective but not sensory components of pain. Science, 303, 1157-1162.

Ornstein, R., & Sobel, D.(1987). The healing brain and how it keeps us healthy. New York: Simon and Schuster.

1부 2장

김유미(2003). 두뇌를 알고 가르치자. 학지사.

김유미(2008). 장애아의 뇌는 어떻게 학습하는가?(2판). 시그마프레스.

윤승일·이문영(2009). 뇌체질 사용설명서. 북라인.

Sousa, D. A.(2007). How the special needs brain learns. Corwin Press.

Sousa, D. A.(2003). How the Gifted brain learns. Corwin Press.

Singer, K. et al(2004). Empahty for pain involves the affective but not sensory components of pain. Science, 303, 1157-1162.

Ornstein, R., & Sobel, D.(1987). The healing brain and how it keeps us healthy. New York: Simon and Schuster.

Sylwester, R. (1995). A Celebration of neurons. Alexandria, VA: ASCD.

1부 3장

이우주(2005). 의학사전. 아카데미서적.

박병운(2005). 뇌파 해석 기법. 한국정신과학연구소.

정용안 외(2007). 치료 저항성 우울증 환자에서 반복적 경두개 자기자극 후 국소뇌혈류 변화. Nuclear Medical Molecular Imaging, 41(1), 9-15.

김유미(2003). 두뇌를 알고 가르치자. 학지사.

이창섭, 노재영(1997). 『뇌파학 입문』, 하나의학사.

김대식, 최창욱(2001). 뇌파검사학. 고려의학.

윤종수(1999). 『뇌파학개론』, 서울: 고려의학.

뇌과학연구원(2014). 두뇌활용능력 검사기기 -스마트브레인 매뉴얼-. 브레인트레이너협회.

박만상, 윤종수(1999). 고려의학. 뇌파학개론. 고려의학

류분순(2008). 무용동작 심리치료가 성폭력 피해 청소년의 외상후 스트레스 뇌파 및 자아정체감에 미치는 효과. 홍익대학교 대학원 박사학위논문.

고병진(2010). 청소년 뇌교육프로그램 적용에 따른 뇌파활성도와 정신력 및 자기조절능력의 변화. 국제뇌교육종합대학원대학교 박사학위논문.

좌성민(2011). 기공수련 시 두뇌 영역별 뇌파 특성 비교 연구. 국제뇌교육종합대학원대학교 박사학위논문.

김유미(2008). 장애아의 뇌는 어떻게 학습하는가?(2판). 시그마프레스. Sousa, D. A.(2007). How the special needs brain learns. Corwin Press.

김동구 외(2005). "Neurofeedback: 원리와 임상응용 스트레스 연구, 13(2), 93-98.

박병운(20070. 뇌교육사 교재. 한국정신과학연구소 부설교육센터.

한국정신과학연구소(2005). 뇌파 해석 기법.

Kamiya, J.(1972). Self-Regulation as An Aid to Human Performance: AnnalProgress Report, San Francisco : Submitted to The San Diego University Foundation, Langhy Porte Neuro-psychiatricInstitute.

Lubar J. O. & Bahler, W. W.(1976). Behavioral management of epileptic nsei-zures following EEG biofeedback training of the sensorimotor rhythm",Biofeedback and Self-regulation,7, 77-104.

Sterman, M. B.(1977). sensory-motor EEG operant conditioning :Experimental and clinical effect. Pavlovian Journal of Biological Science, 12, .63-92.

Davidson.R.J(1994). Temperament affective style and frontal lobe asymmetry. In G.Dawson & K.W.Fischer(Eds.)Human behavior and the developing brain. NY:The Guild Press.

Baehr, E., Rosenfeld, J. P., Baehr, R. & Earnest, C.(1999). Clinical use ofan alpha asymmetry neurofeedback protocolin the treatment of mood disorders", In (J.R. Evans, ed.) Introduction to Quantitative EEG and Neurofeedback, N.Y.: Academic Press.

Gray, J. A.(1990). Brain Systems that Mediate both Emotion and Cognition. Special Issue Development of Relationships between Emotion and Cognition. Cognition and Emotion, 4, 269-288.

Gotlib, I. A., Ranganath, C., & Rosenfield, J. P(1998). Frontal EEG alpha asymmetry, depression, and cognitive functioning. Cognition and Emotion, 12, 449-478.

Carver, C.S.,& White, T.L (1994). Behavioral inhibition, Behavioral activation, and affective responses to impending rewardand punishment: The BIS/BAS scales", Journal of Personality and Social Psychology, 67(2), 319-333.

Peniston, E.G., Marrinan, D.A., Deming, W.A., & Kulkosky, P.J.(1993). The Possible meaning of the upper and lower alpha frequency ranges of cogni-tive and creative tasks, International Journal of Psychophysiology, 26, 77-97.

Maulsby, R. L.(1971). An illustration of emotionally evoked the tarhythm in infancy: Hedonic Hypersynchrony",EEG and Clinical Neuroscience Letters, 143, 10-14.

Peniston, E. G., & Kulkosky, P. J.(1989). Alpha-theta brainwave training and beta endorphin levels in alcoholics, Alcoholism, Clinical and Experimental Results, 13(2), 271-279.

Sousa, D. A.(2003). How the Gifted brain learns. Corwin Press.

Singer, K, et al(2004). Empahty for pain involves the affective but not sensory components of pain. Science, 303, 1157-1162.

Ornstein, R., & Sobel, D.(1987). The healing brain and how it keeps us healthy. New York: Simon and Schuster.

Sterman, M. B(1977). Sensorimotor EEG operant conditioning and experimental and clinical effects. Pavlovian J. Biological Science, 12(2), 65-92.

Hutchison, M(1996). Megabrain: New tools and techniques for brain growth and mind expansion, (2nd ed.), New York: Ballantine books.

Butler, S(1991). Alpha asymmetry, hemispheric specialization and the problem of cognitive dynamics. In: Giannitrapani, M. (Eds.), The EEG of Mental Activities. Basel, Karger. 75-93, 1988; Glass, A, Significance of EEG alpha asymmetries in cerebral dominance. International Journal of Psychophysiology, 11, 32-33.

Cowan, J., & Allen, T(2000). Using brainwave biofeedback to train the sequence of concentration and relaxation in athletic activities. proceedings of 15th Association for the Advancemant of Applied Sport Psychology, 95.

Anna, W(1995). High performance mind. New York: Tarcher Putnam.

1부 4장

김유미(2003). 두뇌를 알고 가르치자. 학지사.

윤일심(2012). 청각 장애학생의 뇌 기능 및 정서적 성향에 뉴로피드백 훈련이 미치는 영향. 서울벤처대학원대학교 박사학위 논문.

김유미(2008). 장애아의 뇌는 어떻게 학습하는가?(2판). 시그마프레스. Sousa, D. A.(2007). How the special needs brain learns. Corwin Press.

정인숙·유영금·강인숙·정태근(2007). 교육과정과 교육평가(개정판). 동문사.

김영옥·박혜라·최미숙·황윤세(2009). 아동발달론. 공동체.

Lynch G., & Gall, C. (1979). Organization and reorganization in the central nervous system. In F. Falkner and J. tanner (Eds.) Human Growth. New York: Plenum Press.

Paus, t., Zidenbos, A., Worsley, K., Collins, D. L., Blumenthal, J., Giedd, J. N., Rappoport, J. L., & Evans, A. C.(1999). Structural maturation of neural pathways in children and adolescents: In vivo study. Science, 283, 1908-1911.

Sousa, D. A.(2011). How the brain learns(4th Ed). Corwin Press.

Diamond, M., & Hopson, J.(1998). Magic trees of the mind : How th nurture your child's intelligence. creativity, and healthy emotions from birth through adolescence. New York : Dutton.

Singer, K. et al(2004). Empahty for pain involves the affective but not sensory components of pain. Science, 303, 1157-1162.

Ornstein, R., & Sobel, D.(1987). The healing brain and how it keeps us healthy. New York: Simon and Schuster.

Sousa, D. A.(2003). How the Gifted brain learns. Corwin Press.

Singer, K. et al(2004). Empahty for pain involves the affective but not sensory components of pain. Science, 303, 1157-1162.

Ornstein, R., & Sobel, D.(1987). The healing brain and how it keeps us healthy. New York: Simon and Schuster.

MacLean, P. D.(1990). The triune brain in evolution: role in paleocerebral function, NY: Plentice-Hall.
Gazzaniga, M. S., Ivry. R. B. & Mangun, G. R(2002). Cognitive neuro-science(2nd ed.), NY :W.W.Norton & Company.
Hannaford, C.(1995). Smart mouse. Arlington, Va : Great Ocean Publishing Co,
Berk(2000). Child development(5thed.), Boston: Allyn.
Greenfield, S.(1997). The Human brain: A guided tour, NY: Basic Books/ Harper Collins.

3부 1장

오새내. (2005). 20 세기초 서울말 모음 음운현상에 반영된 계층적 지표: 1930년대 김복진의 동화구연유성기자료의 분석. 국어문학, 40, 129-160.

조은숙. (2008). 유성기 음반에 담긴 옛이야기-1930년대 김복진의 구연동화 음반을 중심으로. 민족문화연구, (49), 203-249.

성영화, 이수련. (2015). 유아교육기관의 특별활동 운영에 대한 어머니와 교사의 인식 조사: 특별활동 강사의 자격 및 자질을 중심으로. 어린이미디어연구, 14(1), 89-112.

김경희. (2010). 김복진의 유성기 동화의 특징-옛날이야기의 수용 양상을 중심으로. 구비문학연구, (31), 545-578.

왕린, 이하나. (2016). 아이들이 책을 좋아하게 만들 디지털 콘텐츠 디자인. 한국콘텐츠학회논문지, 16(11), 20-28.

김경희. (2016). 심의린의 동화 운동 연구-옛이야기 재구성을 통한 조선어문학 교육을 중심으로 (Doctoral dissertation, 서울대학교 대학원).

문수지 (2020) 디지털(Digital) 동화를 활용한 영어 수업이 초등학교 5학년 읽기 능력에 미치는 효과. 석사학위논문. 한국교원대학교 교육대학원

주미라 (2021) 한 동화구연협회의 학습문화에 대한 자문화기술지. 석사학위논문. 전북대학교 교육대학원

Wagner, M. M. (2003). Ruth Sawyer: Master of storytelling. University of Minnesota.

3부 2장

김유미(2003). 두뇌를 알고 가르치자. 학지사.

송서영(2004). 책 읽어주기 활동이 읽기성취도에 미치는 영향. 석사학위논문. 한국교원대학교.

구지연(2004). 스토리텔링 영어 교수업에 대한 뇌과학적 이해. 석사학위논문. 서울교육대학교.

박만상(1996). 총명한 두뇌 만들기. 서울: 지식산업사.

Routman, R.(1999). Transitions: From literature to literacy. A Division of Reed Publishing Inc.

4부 1장

똑똑똑 그림책 김아산 저 | 현암사 | 2004년 04월 01일

그림책론 어린이 그림책의 서사 방법

페리 노들먼 저 / 김상욱 역 | 보림 | 2011년 09월 02일(2022.01 개정판)

그림책의 그림읽기 현은자 지음 | 마루벌 | 2008년 11월

현대 그림책 읽기

데이비드 루이스 지음 | 이혜란 옮김 | 작은씨앗 | 2008년 06월

그림책의 이해 1,2

현은자, 김세희 저 | 사계절 | 2005년 02월 27일

그림책의 모든 것 역사, 소재, 주제, 기법, 출판 산업까지 그림책이 만들어지는 과정들

마틴 솔즈베리, 모랙 스타일스 저/서남희 역 | 시공아트 | 2012년 05월 02일

변윤희,현은자. "기호학적 관점에서 본 그림책의 글과 그림 읽기." 유아교육연구 22.2 (2002): 339-363.

4부 2장

김유미(2003). 두뇌를 알고 가르치자. 학지사.

문용린(1992). 한국인의 정서 성숙을 위한 교육적 과제. 민주화논총, 12, 27-52.

최정훈 외(19860. 심리학. 서울 : 법문사.

김영훈(2012). 아이의 공부두뇌. 베가북스 출판사.

김소영(2015). 뇌과학적 관점에서 그림책 읽어주기가 유아에게 미치는 교육적 의미. 석사학위논문. 부산교육대학교 교육대학원.

송은영(2005). 소리내어 읽어주기 활동이 아동의 언어이해력에 미치는 영향. 석사학위논문. 이화여자대학교 교육대학원.

하미정(2012). 유아교육기관 교사들의 그림책 읽기 지도 실태 및 인식에 관한 연구. 석사학위논문. 인천대학교 교육대학원.

김유미(2003). 두뇌를 알고 가르치자. 학지사.

김영훈(2008). 영재두뇌 만들기. 베가북스 출판사.

한국뇌기반교육연구소(2013). 뇌친화적 교수-학습 수업활동 연구. 한국뇌기반교육연구소.

이정모 (2003). 심리학에서 보는 인간의 뇌와 마음. 한국 심리학회 심포지엄 자료집. 3-41.

이정모 외(2009). 인지심리학. 서울: 학지사.

고병진(2010), "청소년 뇌교육프로그램 적용에 따른 뇌파활성도와 정신력 및 자기조절능력의 변화", 국제뇌교육종합대학원대학교 박사학위논문.

권석만(2012),『긍정심리학 - 행복의 과학적 탐구』, 서울: 학지사.

권택환(2017), "뇌교육 기반 대안학교 청소년의 성장경험 및 성장요인 탐색: 2014-2016년 신문기사 분석을 중심으로",『인문사회 21』, 8(1): 87-104.

김성연(2012), "아동기의 신체활동 및 두뇌계발 게임이 뇌건강 요인에 미치는 영향", 성균관대학교 일반대학원 박사학위논문.

김소영(2016), "아동의 사회적 관심 향상을 위한 뇌교육 기반 실천중심 인성교육 프로그램 효과 연구", 국제뇌교육종합대학원대학교 박사학위논문.

김숙연·신혜숙·신재한(2017), "제4차 산업혁명 인공지능 시대 혁신학교 모델 '뇌활용 행복학교' 도입 가능성 탐색", 『예술인문사회융합멀티미디어논문지』, 7: 453-466.

김순남·이병환(2016), "행복학교의 운영 특성 분석", 『교육문화연구』, 22(4): 81-107.

김순하·심준영(2013), "뇌체조와 음악줄넘기 프로그램 적용에 따른 초등학생의 공격성과 자율신경의 변화", 『아동교육』, 22(3): 54.

김유미(2002), 『두뇌를 알고 가르치자』, 서울: 학지사.

김유미(2003), "뇌기반 교수-학습에서 동기유발", 『열린유아교육연구』, 8(1): 99-110.

김주남(2014), "뇌교육 인성프로그램이 초등학생의 자아존중감, 자기효능감, 정서조절능력에 미치는 영향", 국제뇌교육종합대학원대학교 박사학위논문.

김진희(2007), "뇌교육 웃음프로그램 개발에 관한 기초연구", 국뇌교육종합대학원대학교 석사학위논문.

명지원(2014), "홀리스틱 교육의 시각에서 본 '꿈, 끼, 행복교육'", 『홀리스틱융합교육연구』, 18: 85-107.

문용린(2013), "행복교육의 의미와 실천", 『한국인간발달학회 학술대회지』, 1-13.

박남기(2017), "제4차 산업혁명기의 교육개혁 새 패러다임 탐색", 『교육학연구』, 55(1): 211-240.

박문호(2008), 『뇌 생각의 출현』, 서울: 휴머니스트 출판그룹.

박수현(2010), 『웰니스 : 뇌를 바꾸는 운동혁명』, 서울: (주)랜덤하우스코리아.

박형빈(2013), 도덕성에 대한 뇌신경과학적 접근의 도덕교육적 함의, 『초등도덕교육』, 43: 141-194.

신재한(2016), "뇌과학적 고찰을 통한 뇌교육 기반 인성교육 방향 탐색", 『아동교육』, 25(2): 365-381.

양태연, 윤영돈(2014), "인천 고교생의 행복감 진단과 제고 방안", 『윤리교육연구』, 35: 123-150.

염유식, 김경미, 이은주, 이승원(2015), "2015년도 한국 어린이·청소년 행복지수 국제비교연구 조사결과 보고서", 연세대학교 사회발전연구소.

오경숙(2015), "'행복' 개념의 정책 활용에 관한 연구", 광운대학교 박사학위논문.
윤정인(2018), "뇌교육 기반 민주시민의식 향상 프로그램 개발 및 효과성 연구 : 고등학교 통합학급 학생 대상으로", 국제뇌교육종합대학원대학교 박사학위논문.
이경민(2009), "유아행복교육의 가능성 탐색 연구", 『어린이미디어연구』, 8(1): 165-181.
이부현(2011), "학습부진아의 학습동기에 대한 뇌과학적 이해와 교육적 시사점", 서울교육대학교 교육대학원 석사학위논문.
이승헌(2010), 『뇌교육원론』, 국제뇌교육종합대학원대학교출판부.
이영순(2009), "염지관 명상이 기혼여성의 우울과 분노정서에 미치는 영향". 명상치료연구, 3: 166-195.
이정모·김성일·이건효(2003), "뇌기반 학습과학 패러다임: 과학교육과 과학기술 인력 육성의 혁신틀", 『제1회 뇌기반 학습과학 심포지움』, 55-82.
이혜영·나병현·김민조·장가림(2013), "행복교육 실현을 위한 학교 모형 탐색". 한국교육개발원 현안보고 OR, 8, 서울: 한국교육개발원.
장현갑(2012), 『마음 VS 뇌』, 서울 : 불광출판사.
정진숙(2015), "긍정심리동화를 활용한 유아 행복 프로그램 개발 및 효과", 동신대학교 박사학위논문.
조주연(1996), "인지과학적 발견에 기초한 주의집중 방략", 『한국초등교육』, 8(2): 219-242.
조한무(2015), "신체활동에 따른 부정적 정서의 뇌 과학적 이해와 홀리스틱 힐링", 『홀리스틱융합교육연구』, 19: 151-170.
조해리(2014), "21세기 교육이 지향해야 할 목표, 바로 인성". 『브레인』, 48: 34-37.
최지영(2006), "뇌과학이론에 기반한 협동학습의 교육적 의의". 『뇌교육연구』, 1(1): 129-146.
하태민(2009), "심리적 안녕감 향상을 위한 뇌교육프로그램", 『국제뇌교육협회 학술대회』, 32-45.
한은미(2016), "제4차 산업혁명 시대, 노동시장의 위기와 기회. 제4차 산업혁명 시대와 여성인재 양성", 『(사)전국여교수연합회』, 112-124.

홍경수(2008). 여섯 살, 소리 내어 읽어라. 서울: 21세기 북스.

허유정(2010), "자기주도학습의 구성 요인에 대한 뇌과학적 이해와 교육적 시사점". 서울교육대학교 교육대학원 석사학위논문.

김완석(2016). 과학명상. 커뮤니케이션북스.

김대식, 최창욱(2001). 뇌파검사학. 고려의학.

윤종수(1999). 『뇌파학개론』, 서울: 고려의학.

박만상, 윤종수(1999). 고려의학. 뇌파학개론. 고려의학

Kang, D. H., Jo, H. J., Jung, W. H., Kim, S. H., Jung, Y. H., Choi, C. H., ... & Kwon, J. S. (2012). The effect of meditation on brain structure: cortical thickness mapping and diffusion tensor imaging. Social cognitive and affective neuroscience, 8(1), 27-33.

Lazar, S. W., Kerr, C. E., Wasserman, R. H., Gray, J. R., Greve, D. N., Treadway, M. T., & Rauch, S. L. (2005). Meditation experience is associated with increased cortical thickness. Neuroreport, 16(17), 1893.

Thomas, J. E., & Sattlberger, E. (1997). Treatment of chronic anxiety disorder with neurotherapy: A case study. Journal of Neurotherapy, 2(2), 14-19.

Hardt, J. V., & Kamiya, J. (1978). Anxiety change through electroencephalographic alpha feedback seen only in high anxiety subjects. Science, 201(4350), 79-81.

Plotkin, W. B., & Rice, K. M. (1981). Biofeedback as a placebo: Anxiety reduction facilitated by training in either suppression or enhancement of alpha brainwaves. Journal of consulting and Clinical Psychology, 49(4), 590.

Springer, S. P., & Deutsch, G.(1981). Left brain, right brain. NY: W. H. Freeman.

Higgins, E. S., & George, M. S. (2013). Neuroscience of clinical psychiatry: The pathophysiology of behavior and mental illness. Lippincott Williams & Wilkins.

Ledoux, J.(1998). The Emotional Brain. 최준식(역) 2006. 느끼는 뇌. 학지사.

Amen, D. G., & Routh, L. C. (2003). Healing anxiety and depression. Penguin.

Benjamin, J. S., & Virginia, A. S. (2007). Sysnopis of Psychiatry theth edition. Mood Disorder.

Henriques, J. B., & Davidson, R. J. (1991). Left frontal hypoactivation in depression. Journal of abnormal psychology, 100(4), 535.

Vuga, M., Fox, N. A., Cohn, J. F., George, C. J., Levenstein, R. M., & Kovacs, M. (2006). Long-term stability of frontal electroencephalographic asymmetry in adults with a history of depression and controls. International Journal of Psychophysiology, 59(2), 107-115.

Brody, A. L., Barsom, M. W., Bota, R. G., & Saxena, S. (2001). Prefrontal-subcortical and limbic circuit mediation of major depressive disorder. In Seminars in clinical neuropsychiatry, 6(2), 102-112.

Anand, A., Li, Y., Wang, Y., Wu, J., Gao, S., Bukhari, L., ... & Lowe, M. J. (2005). Activity and connectivity of brain mood regulating circuit in depression: a functional magnetic resonance study. Biological psychiatry, 57(10), 1079-1088.

Davidson, R. J., & Irwin, W. (1999). The functional neuroanatomy of emotion and affective style. Trends in cognitive sciences, 3(1), 11-21.

Deuschle, M., Schweiger, U., Weber, B., Gotthardt, U., Körner, A., Schmider, J., ... & Heuser, I. (1997). Diurnal activity and pulsatility of the hypothalamus-pituitary-adrenal system in male depressed patients and healthy controls. The Journal of Clinical Endocrinology & Metabolism, 82(1), 234 238.

Murata, T., Suzuki, R., Higuchi, T., & Oshima, A. (2000). Regional cerebral blood flow in the patients with depressive disorders. The Keio journal of medicine, 49, A112-3.

Austin, M. P., Dougall, N., Ross, M., Murray, C., O'Carroll, R. E., Moffoot, A., ... & Goodwin, G. M. (1992). Single photon emission tomography with 99m Tc-exametazime in major depression and the pattern of brain activity underlying the psychotic/neurotic continuum. Journal of Affective Disorders, 26(1), 31-43.

Bench, C. J., Friston, K. J., Brown, R. G., Frackowiak, R. S. J., & Dolan, R. J. (1993). Regional cerebral blood flow in depression measured by positron emission tomography: the relationship with clinical dimensions. Psychological medicine, 23(03), 579-590.

Waugh, J., & Goa, K. L. (2003). Escitalopram. CNS drugs, 17(5), 343-362.

Rosenbaum, J. F., Moroz, G., & Bowden, C. L. (1997). Clonazepam in the treatment of panic disorder with or without agoraphobia: a dose-response study of efficacy, safety, and discontinuance. Journal of clinical psychopharmacology, 17(5), 390-400.

Bourin, M. (2003). Use of paroxetine for the treatment of depression and anxiety disorders in the elderly: a review. Human Psychopharmacology: Clinical and Experimental, 18(3), 185-190.

Choo, C. S., Lee, S. H., Kim, H., Lee, K. J., Nam, M., & Chung, Y. C. (2005). Heart rate variability of Korean generalized anxiety disorder patients. Korean Journal of Biological Psychiatry, 12(1), 13-19.

Steingard, R. J., Renshaw, P. F., Yurgelun-Todd, D., Appelmans, K. E., Lyoo, I. K., Shorrock, K. L., ... & Poussaint, T. Y. (1996). Structural abnormalities in brain magnetic resonance images of depressed children. Journal of the American Academy of Child & Adolescent Psychiatry, 35(3), 307-311.

Carter, R. (2013). Mapping the mind. Hachette UK.

Baehr, E., Rosenfeld, J. P., Baehr, R., & Earnest, C. (1998). Comparison of two EEG asymmetry indices in depressed patients vs. normal controls. International Journal of Psychophysiology, 31(1), 89-92.

Henriques, J. B., & Davidson, R. J. (1991). Left frontal hypoactivation in depression. Journal of abnormal psychology, 100(4), 535.

Stordal, K. I., Lundervold, A. J., Egeland, J., Mykletun, A., Asbjørnsen, A., Landrø, N. I., ... & Lund, A. (2004). Impairment across executive functions in recurrent major depression. Nordic journal of psychiatry, 58(1), 41-47.

Posner, M. I., & Raichle, M. E. (1995). Precis of images of mind. Behavioral and Brain Sciences, 18(02), 327-339.

Amen, D. G., & Routh, L. C. (2003). Healing anxiety and depression. Penguin.

Gotlib, I. H. (1998). EEG alpha asymmetry, depression, and cognitive functioning. Cognition & Emotion, 12(3), 449-478.

Henriques, J. B., & Davidson, R. J. (1997). Brain electrical asymmetries during cognitive task performance in depressed and nondepressed subjects. Biological psychiatry, 42(11), 1039-1050.

Putnam, K. M., & McSweeney, L. B. (2008). Depressive symptoms and baseline prefrontal EEG alpha activity: a study utilizing Ecological Momentary Assessment. Biological psychology, 77(2), 237-240.

Chiesa, A., Calati, R., & Serretti, A. (2011). Does mindfulness training improve cognitive abilities? A systematic review of neuropsychological findings. Clinical psychology review, 31(3), 449-464.

Hölzel, B. K., Ott, U., Hempel, H., Hackl, A., Wolf, K., Stark, R., & Vaitl, D. (2007). Differential engagement of anterior cingulate and adjacent medial frontal cortex in adept meditators and non-meditators. Neuroscience letters, 421(1), 16-21.

Lutz, A., Greischar, L. L., Rawlings, N. B., Ricard, M., & Davidson, R. J. (2004). Long-term meditators self-induce high-amplitude gamma synchrony during mental practice. Proceedings of the national Academy of Sciences, 101(46), 16369-16373.

Creswell, J. D., Way, B. M., Eisenberger, N. I., & Lieberman, M. D. (2007). Neural correlates of dispositional mindfulness during affect labeling. Psychosomatic medicine, 69(6), 560-565.

Davidson, R. J. (2002). Toward a biology of positive affect and compassion. Visions of compassion: Western scientists and Tibetan Buddhists examine human nature, 107-130.

Davidson, R. J., Kabat-Zinn, J., Schumacher, J., Rosenkranz, M., Muller, D., Santorelli, S. F., ... & Sheridan, J. F. (2003). Alterations in brain and immune function produced by mindfulness meditation. Psychosomatic medicine, 65(4), 564-570.

Rubia, K. (2009). The neurobiology of meditation and its clinical effectiveness in psychiatric disorders. Biological psychology, 82(1), 1-11.

Purves, D., Cabeza, R., Huettel, S. A., LaBar, K. S., Platt, M. L., Woldorff, M. G., & Brannon, E. M. (2008). Cognitive neuroscience. Sunderland: Sinauer Associates, Inc.

Creswell, J. D., Way, B. M., Eisenberger, N. I., & Lieberman, M. D. (2007). Neural correlates of dispositional mindfulness during affect labeling. Psychosomatic Medicine, 69(6), 560-565.

Newberg, A. B., & Iversen, J. (2003). The neural basis of the complex mental task of meditation: neurotransmitter and neurochemical considerations. Medical hypotheses, 61(2), 282-291.

Gard, T., Hölzel, B. K., & Lazar, S. W. (2014). The potential effects of meditation on age-related cognitive decline: A systematic review. Annals of the New York Academy of Sciences. 1307(1), 89-103.

Luders, E. (2014). Exploring age-related brain degeneration in meditation practitioners. Annals of the New York Academy of Sciences. 1307(1), 82-88.

Rennie, C. J., WRIGHT, J. J., & ROBINSON, P. A. (2000). Mechanisms of cortical electrical activity and emergence of gamma rhythm. Journal of Theoretical Biology, 205(1), 17-35.

Lutz, A., Greischar, L. L., Rawlings, N. B., Ricard, M., & Davidson, R. J. (2004). Long-term meditators self-induce high-amplitude gamma synchrony during mental practice. Proceedings of the national Academy of Sciences, 101(46), 16369-16373.

Cahn, B. R., & Polich, J. (2006). Meditation states and traits: EEG, ERP, and neuroimaging studies. Psychological bulletin, 132(2), 180.

Benson, H., & Proctor, W. (2004). The breakout principle: How to activate the natural trigger that maximizes creativity, athletic performance, productivity, and personal well-being. Simon and Schuster.

Klimecki, O. M., Leiberg, S., Lamm, C., & Singer, T. (2012). Functional neural plasticity and associated changes in positive affect after compassion training. Cerebral Cortex, bhs142.

Leiberg, S., Klimecki, O., & Singer, T. (2011). Short-term compassion training increases prosocial behavior in a newly developed prosocial game. Plos One, 6(3), e17798.

Klimecki, O. M., Leiberg, S., Ricard, M., & Singer, T. (2013). Differential pattern of functional brain plasticity after compassion and empathy training. Social cognitive and affective neuroscience, 9(6), 873-879.

Weng, H. Y., Fox, A. S., Shackman, A. J., Stodola, D. E., Caldwell, J. Z.,

Olson, M. C., ... & Davidson, R. J. (2013). Compassion training alters altruism and neural responses to suffering. Psychological science, 24(7), 1171-1180.

Christoff, K., Gordon, A., & Smith, R. (2011). The role of spontaneous thought in human cognition. Neuroscience of decision making, 259-284.

Maron-Katz, A., Ben-Simon, E., Sharon, H., Gruberger, M., Cvetkovic, D. (2014). A neuroscientific perspective on meditation. In Pscychology of Meditation (pp. 99-128). New York: Nova Science Publisher.

Grant, J. A., Courtemanche, J., & Rainville, P. (2011). A non-elaborative mental stance and decoupling of executive and pain-related cortices predicts low pain sensitivity in Zen meditators. PAIN, 152(1), 150-156.

Xue, S., Tang, Y. Y., & Posner, M. I. (2011). Short-term meditation increases network efficiency of the anterior cingulate cortex. Neuroreport, 22(12), 570-574.

Brewer, J. A., Worhunsky, P. D., Gray, J. R., Tang, Y. Y., Weber, J., & Kober, H. (2011). Meditation experience is associated with differences in default mode network activity and connectivity. Proceedings of the National Academy of Sciences, 108(50), 20254-20259.

Tang, Y. Y., Ma, Y., Fan, Y., Feng, H., Wang, J., Feng, S., ... & Fan, M. (2009). Central and autonomic nervous system interaction is altered by short-term meditation. Proceedings of the National Academy of Sciences, 106(22), 8865-8870.

Grant, J. A., Courtemanche, J., Duerden, E. G., Duncan, G. H., & Rainville, P. (2010). Cortical thickness and pain sensitivity in zen meditators. Emotion, 10(1), 43.

Tang, Y. Y., Rothbart, M. K., & Posner, M. I. (2012). Neural correlates of establishing, maintaining, and switching brain states. Trends in cognitive sciences, 16(6), 330-337.

Jha, A. P., Stanley, E. A., Kiyonaga, A., Wong, L., & Gelfand, L. (2010). Examining the protective effects of mindfulness training on working memory capacity and affective experience. Emotion, 10(1), 54.

Feldman, G., Greeson, J., & Senville, J. (2010). Differential effects of mindful breathing, progressive muscle relaxation, and loving-kindness meditation on decentering and negative reactions to repetitive thoughts. Behaviour research and therapy, 48(10), 1002-1011.

Csikszentmihalyi, M. (1999), 「몰입의 즐거움」 (이희재 역), 서울: 해냄(원서 1998년 발행).

Doidge, N.(2007), 『The Brain That Changes Itself』. Sterling Lord Lireistic (pp. 32-98). inc, New York.

Hanson, R., & Mendius, R. (2010), 「붓다브레인」, (장현갑, 장주영 역), 불광출판사. (원서 2009년 발행)

Pellegrini, A. D. (1989), "children's rough and tumble play: issues in categorization and function, 『Educational Policy』, 34(4): 389-400.

Pettus, M. (2006), 『It's all in your head: change your mind change yours health』, Verginia: Capital Books.

Rushworth, M. K.(2010), 『Good kids. Tough Choices : How parents can help their children do the right thing』, Jossey-Bass.

Seligman, M. E. P., Ernst, R. M., Gillham, J., Reivich, K. & Linkins, M. (2009), "Positive education: Positive psychology and classroom interventions", 『Oxford Review of Education』, 35(3), 293-311.

Sheldon, K. M., & Lyubomirsky, S. (2007), "Is it possible to become happier?(And if so, how?)", 『Social and Personality Psychology Compass』, 1(1): 129-145.

Walsh, R., & Shapiro, S. L . (2006), "The meeting of meditative disciplines and Western psychology: A mutually enriching dialogue" , 「American Psychologist」 , 61: 227-239.

Restak, R. M.(2003). The new brain : How the modern age is rewiring your mind. New York : Rodale.

Fields, R. D.(2005). Making memories stick. Scientific American, 292, 75-81.

Sousa, D. A.(2011). How the brain learns(4th Ed). Corwin Press.

Miller, G. A.(1956). The magical number seven, plus-or-minus two : Some limits on our capacity for processing information. Psychological Review, 101, 343-352.

Diamond, M., & Hopson, J.(1998). Magic trees of the mind : How th nurture your child's intelligence. creativity, and healthy emotions from birth through adolescence. New York : Dutton.

Singer, K. et al(2004). Empahty for pain involves the affective but not sensory components of pain. Science, 303, 1157-1162.

Ornstein, R., & Sobel, D.(1987). The healing brain and how it keeps us healthy. New York: Simon and Schuster.

Maquire, E. A., Frith, C. D., & Morris, R. G. M.(1999). The functional neuro-anatomy of comprehension and memory: The importance of prior knowledge. Brain, 122, 1839-1850

Hunter, M.(2004). Mastery teaching. Thousand Oaks, CA: Corwin Press.

Sprenger, M.(1999). Learning and memory: The brain in action, VA: ASCD.

Jensen, E. (2008). Brain-based learning. Corwin press

Hinton, C., Miyamoto, K., & DELLA-CHIESA, B. R. U. N. O. (2008). Brain Research, Learning and Emotions: implications for education research, policy and practice1. European Journal of education, 43(1), 87-103.

Sylwester, R. (1995). A Celebration of neurons. Alexandria, VA: ASCD.

Caine, G., & Caine, R. N. (1994). Making connections: Teaching and the human brain. NJ: Dale Seymour Publication.

Byrnes, J. P. (2001). Minds, brains, and learning. NY: Guilford Press.

O'Keefe, J., & Nadel, N. (1978). The hippocampus as a cognitive map. Oxford: Clarendon Press.

Sprenger, M. (1998). Memory lane is a two-way street. Educational Leadership, 56(3), 65-67.

Caine, R. N., & Caine, G.(1994). Making connections. NY: Addison-Wesley Publishing Company.

Hannaford, C.(1995). Smart moves. Virginia: Great Ocena Publishers.

Jensen, E.(1998). Teaching with the brain in mind. Virginia: Association for Supervision and Curriculum Development.

Politano, C., & Paquin, J.(2000). Brain-based learning with class: Winnipeg.: Portage& Main Press.

Buzan, T.(1989). Use both sides of your brain(3rd ed.). New York: Penguin.

Thomas, E.(19720. The variation of memory with time for information appearing during a lecture. Studies in Adult Education, 57-62.

Russell, P.(1979). The brain book. New York: E. P. Dutton.

Klein, R., Pilon, D., Prosser, S., & Shannahoff-Khalsa, D.(1986). Nasal airflow asymmetries and human performance. Biological Psychology, 2, 127-137.

Jensen, E.(2000). Brain-based learning: A reality check. Educational Leadership, 57, 76-80.

Howard, P.(1994). Owner's manual for the brain. Austin, Tex: Leornian Press.

4부 3장

권수련(2018). 알아차림 명상. 도서출판 밥북.

김완석(2016). 과학명상. 커뮤니케이션북스.

김윤탁(2018). 명상이 쉬워요. 타움.

김정호, 김완석(2013). 스트레스 과학 - 기초에서 임상 적용까지. 대한스트레스학회.

박석(2006). 명상의 이해. 스트레스硏究, 14(4), 247-257.

박은숙(2015). 마사지의 명상적 요소에 관한 연구. 석사학위논문. 명지대학교 산업대학원

박은희(2003). 명상수련이 무용수에게 미치는 영향. 석사학위논문.대전대학교 대학원

서정섭(2006). 단전호흡과 명상수련이 양궁선수들의 신체평형성과 폐기능에 미치는 영향. 석사학위논문. 계명대학교 교육대학원

서정순(2014). 명상이 정신건강에 미치는 영향. 석사학위논문. 가야대학교 대학원

장현갑(1996). 명상의 심리학적 개관: 명상의 유형과 정신생리학적 특징. 한국심리학회지: 건강, 1, 15-33

장현갑(2004). 명상의 세계. 정신세계사.

장현갑(2004). 스트레스 관련 질병 치료에 대한 명상의 적용. 한국심리학회지: 건강, 9(2), 471-492.

장현갑(2013). 명상에 답이 있다. 담앤북스

정태혁(2007). 실버 요가. 서울: 정신세계사.

Brefczynski-Lewis, J. A., Lutz, A, Schaefer, H. S., Levinson, D. B., Davidson, R. J. (2007). Neural correlates of attentional expertise in long-term meditation practitioners. Proceedings of the National Academy of Sciences of the United States of America, 194(27), 11483-11488.

David, A.S.(1993). The Concise Dictionary of Psychology. 정태연 (역)(1999). 심리학용어사전. 서울 ; 끌리오.

Girdano, D.A., Everly, G.S., Dusek, D.E.(2008).Controlling Stress and Tension. San Francisco : Benjamin-Cummings Publishing Company. 김금순, 곽금주, 김성재, 임난영, 임숙빈(역)(2009). 스트레스와 긴장의 조절. 안양: 아카데미아.

Kabat-Zinn, J.(1990). Full catastrophe living: Using the wisdom of your body and mind to face stress, pain, and illness. New York: Delta.

Selye, H.(1976). The Stress of Life. New York : McGraw-Hill.

Siegel, R. D., Germer, C. K., & Olendzki, A. (2009). Mindfulness: What is it? Where did it come from?. In Clinical handbook of mindfulness (pp. 17-35). Springer, New York, NY.

安藤 治(2009). 명상의 정신의학. 김재성(역). 서울: 민족사

4부 4장

김완석(2016). 과학명상. 커뮤니케이션북스.

김윤탁(2018). 명상이 쉬워요. 타움.

김정호, 김선주 (2002년). 스트레스의 이해와 관리. 서울: 시그마프레스.

김정호, 김완석(2013). 스트레스 과학 – 기초에서 임상 적용까지. 대한스트레스학회.

장현갑, 강성군 (2003). 스트레스와 정신건강. 서울: 학지사.

박석(2006). 명상의 이해. 스트레스硏究, 14(4), 247-257.

박은숙(2015). 마사지의 명상적 요소에 관한 연구. 석사학위논문. 명지대학교 산업대학원.

박은희(2003). 명상수련이 무용수에게 미치는 영향. 석사학위논문. 대전대학교 대학원.

서정섭(2006). 단전호흡과 명상수련이 양궁선수들의 신체평형성과 폐기능에 미치는 영향. 석사학위논문. 계명대학교 교육대학원.

서정순(2014). 명상이 정신건강에 미치는 영향. 석사학위논문. 가야대학교 대학원.

장현갑(1996). 명상의 심리학적 개관: 명상의 유형과 정신생리학적 특징. 한국심리학회지: 건강, 1, 15-33

장현갑(2004). 명상의 세계. 정신세계사.

장현갑(2004). 스트레스 관련 질병 치료에 대한 명상의 적용. 한국심리학회지: 건강, 9(2), 471-492.

장현갑(2013). 명상에 답이 있다. 담앤북스.

정태혁(2007). 실비 요가. 서울: 정신세계사.

Brefczynski-Lewis, J. A., Lutz, A, Schaefer, H. S., Levinson, D. B., Davidson, R. J. (2007). Neural correlates of attentional expertise in long-term meditation practitioners. Proceedings of the National Academy of Sciences of the United States of America, 194(27), 11483-11488.

David, A.S.(1993). The Concise Dictionary of Psychology. 정태연 (역)(1999). 심리학용어사전. 서울 ; 끌리오.

Girdano, D.A., Everly, G.S., Dusek, D.E.(2008).Controlling Stress and Tension. San Francisco : Benjamin-Cummings Publishing Company. 김금순, 곽금주, 김성재, 임난영, 임숙빈(역)(2009). 스트레스와 긴장의 조절. 안양: 아카데미아.

Kabat-Zinn, J.(1990). Full catastrophe living: Using the wisdom of your body and mind to face stress, pain, and illness. New York: Delta.

Selye, H.(1976). The Stress of Life. New York : McGraw-Hill.

Siegel, R. D., Germer, C. K., & Olendzki, A. (2009). Mindfulness: What is it? Where did it come from?. In Clinical handbook of mindfulness (pp. 17-35). Springer, New York, NY.

安籐 治(2009). 명상의 정신의학. 김재성(역). 서울: 민족사

5부 1장

인터넷 교보문고

이대균, 백경순, 송정원, 이현정 (2016). 유아문학교육. 경기: 공동체.

고문숙, 임영심, 김수향, 손혜숙 (2013). 아동문학교육. 경기: 양서원

「속초종합사회복지관 - 노인의 특성」

노인교육론

아이 맘을 읽어 주는 미디어융합독서와 창의성 발달

이연순 저 창지사